U0942979

"法哲学与法理论口袋书系列" 教材

雷　磊 ‖ 主编

法哲学导论

[德] 迪特玛尔·冯·德尔·普佛尔滕／著

(*Dietmar von der Pfordten*)

雷　磊◎译

RECHTSPHILOSOPHIE:

Eine Einführung

中国政法大学出版社

2017·北京

法哲学导论

RECHTSPHILOSOPHIE

Eine Einführung

by Dietmar von der Pfordten

版权登记号：图字 01-2017-3691 号

总　序

“法理学”（Jurisprudenz，jurisprudence）之名总是会令初学者望而生畏。因为无论是作为法的一般哲学理论的“法哲学”（Rechtsphilosophie，legal philosophy），抑或是作为法的一般法学理论的“法理论”（Rechtstheorie，legal theory），虽从地位上看属于法学的基础学科分支，但却往往需要有相当之具体专业知识的积累。在西方法律院校，通常只在高年级开设法哲学和/或法理论课程，法理学家一般情况下也兼为某一部门法领域的专家。有关法的一般性理论研究的专著往往体系宏大、旁征博引，同时也文辞冗赘、晦涩艰深。这些论著大多以具备相关专业知识之法学专业人士为假定受众，非有经年之功无法得窥其门径与奥妙。

中国的法学教育模式与西方有所不同。由于历史和现实的原因，法理学被列为法学专业必修课程的第一门，在大学一年级第一学期开设。统编教材罗列法学基本概念和基本原理，只见概念不见问题、只见枯死的材料不见鲜活的意义，往往使得尚未接触任何部门法知识的新生望而却步，乃至望而生厌。尽管有的法律院校（比如中国政法大学）同时在三年级开设了相关课程，且内容以讲授西方前沿理论为主，却又使得许多学生“不明觉厉”、畏葸不前。除去授课的因素之外，其中很大的一个原因在于，虽然目前我国学术市场已有为数不少以法哲学和法理论为主题的专著和译著，其中也有不少属于开宗立派之作或某一传统中的扛鼎之作，但却缺乏适合本科生群体的微言大义式、通览或概述式的参考读物。

有鉴于此，“法哲学与法理论口袋书系列”教材以法学初学者（主要为法学本科生、也包括其他对法理学感兴趣者）为受众，以推广法哲学和法理论的基本问题意识、理论进路和学术脉络为目标，拟从当代西方法哲学与法理论论著中选取篇幅简短的系列小书，裨使法理学更好地担当起“启蒙”和“反思”的双重功能。它的目标，在于让学生更易接近法理学的“原貌”，更能知悉法理学的“美好”，更加明了法理学的“意义”。为了便于读者掌握各本小书的思路、内容与结构，我们在每本小书的前面都加上了由译者所撰的“导读”。

德国哲人雅斯贝尔斯（Jaspers）尝言，哲学并不是给予，它只能唤醒。这套小书的主旨也并不在于灌输抽象教条、传授定见真理，而是希望在前人既有思考的基础上唤醒读者自身的问题意识、促发进一步的反省和共思。

雷　磊

2019年3月20日

目录

CONTENTS

#《法哲学导论》导读

雷 磊

一

熟悉德国图书出版情况的朋友都知道，在德国，纯学术书籍往往由出版社直接发往大学图书馆和研究机构，一般不在书店上架销售（除非是专门的学术书店）。个人要想购买这类书，要么可以通过网络预订（如通过亚马逊），要么由书店代为购买。但也有例外，有一些学术书，如贝恩德·吕特斯（Bernd Rüthers）的《法理论》（国内译为魏德士：《法理学》）和罗伯特·阿列克西（Robert Alexy）的《法概念与法效力》却是上架的。这些书会各自占据书架的一排乃至几排的空间，十分醒目，昭示着自己学术畅销书的地位。迪特玛尔·冯·德尔·普佛尔滕（Dietmar von der Pfordten）的《法哲学导论》就在此列。这本仅有 120 页的口袋书自 2013 年由慕尼黑 C. H. 贝克公司（Verlag C. H. Beck）在“知识”系列丛书中出版后，一直牢牢占据着各书店“法学书架”的一席之地。它以鲜明的问题意识、清晰的论述框架、简洁的观点及其表述，吸引着初入法学殿堂的学子，承担着“专业通俗读物”（Sachbuch）的角色。

冯·德尔·普佛尔滕于 1964 年出生于慕尼黑，现任哥廷根大学法哲学与社会哲学教席教授。他从 1983 年开始先后在慕尼黑、伦敦和图宾根学习哲学、法学和政治学。在 1988 年通过第一次国家考试后，他在慕尼黑大学法哲学研究所成为当代德国著名法哲学家阿图尔·考夫曼（Arthur Kaufmann）教授的学术助理。1991 年，他以《描述、评价、规定——作为伦理与法之语言基础的三元论和三元功能主义》通过法学博士学位论文答辩。1993 年参加第二次国家考试，此后成为哥廷根大学哲学研究所尤里安·尼达-吕梅林（Julian Nida-Rümelin）教授的学术助手。1994 年以《生态伦理学：为人类针对自然的行为辩护》通过哲学博士学位论文答辩。1998 年在哥廷根大学以《法伦理学：法律规范的伦理证成》一文获得哲学教授资格。冯·德尔·普佛尔滕在 1999 年曾应邀去埃尔福特大学执掌新设立的社会学院法哲学与社会哲学教席，2002 年应母校的召唤回到哥廷根，接替拉尔夫·德莱尔（Ralf Dreier）教授担任法哲学与社会哲学教席教授。顺便说一句，这也是全德国的大学法学院中唯一一个不与任何部门法相衔的法哲学教席。在德国，有将法哲学与其他部门法紧密联系的传统，法哲学教席一般都要挂靠一个乃至几个部门法，如“公法与法哲学教席”、“民法与法哲学教席”等，执掌教席者往往需要同时开设法哲学和相关部门法的课程。而冯·德尔·普佛尔滕仅开设法哲学方面的讲授课、专题课与研讨课，这是比较罕见的。此外，他曾于哈佛大学、哥伦比亚大学、纽约大学访学，2006~2007 年在布鲁塞尔欧洲法律理论学院任教。他还是荷兰格罗宁根帝国大学和意大利卡利亚里大学的客座教授。

冯·德尔·普佛尔滕的著述集中于伦理学与法哲学。除了本书以及上面提到的两本博士学位论文(分别出版于 1993 年和 1996 年)、一本教授资格论文(2001 年初版，2011 年第二版）外，尚有《康德论人的尊严、国家与法》(2009 年)、《规范伦理学》(2010 年)、《追寻洞见：论哲学的任务和价值》(2010 年)以及《人的尊严》(2016 年)。此外，他还发表了近百篇学术论文，其中比较重要的有《法哲学是什么、为了什么?》、《法是什么? ——目标和手段》、《法是什么?》、《规范个人主义》、《规范个人主义与法》、《为规范个人主义辩护的问题》、《规范伦理学的五个要素》等。可以说,《法哲学导论》一书正是对这些相关著作和论文中观点的提炼与集中表述。所以,它一方面旨在向法学学子交代这门学科的基本问题与既有积淀,另一方面也贯穿着作者本人的思考。

二

作为“导论”,首先要向读者说清的,就是“法哲学”究竟是什么?这又涉及两个问题,即法哲学的定位与法哲学的结构。

法哲学的定位

法哲学的定位涉及法哲学与其他学科之间的外部关系,其核心问题在于:法哲学究竟是属于法学,还是属于哲学?在德国传统中,法哲学长期以来被认为属于哲学的一部分,从康德(Kant)到黑格尔(Hegel)莫不如此。直到当代,如考夫曼教授还在其代表作《法律哲学》中旗帜鲜明地主张,法哲学就是法学家问,哲学家答。但另一方面,至少从概念法学开始,从事教义学工作的法学家们又试图在一般法学说的基础上发展出一种基于法学自身框架的法哲学。由此呈现出“哲学家的法哲学”与“法学家的法哲学”，或者说“法学外的法哲学”与“法学内的法哲学”相互对峙的局面。对于这一问题，冯·德尔·普佛尔滕的态度是：**法哲学既是法学的组成部分，也是哲学的组成部分**。说它是法学的组成部分，是因为它以法这一现实领域为研究对象。说它是哲学的组成部分，是因为它是从哲学的框架出发来对法进行观察和思考，或者说，将关于法的知识与普通哲学框架及关于世界的其他抽象认知相联系。

1. **法哲学以法为研究对象**。但问题在于，以法为研究对象的不只是法哲学这门学科，还有法教义学、法社会学、法律史学等，法哲学如何与这些学科相区分？冯·德尔·普佛尔滕采取了一种双重视角切割法。一方面，他以“内部视角”与“外部视角”为标准，将法学区分为从内在适用者视角出发处理现行实在法问题的法教义学，从外部视角出发研究现行法的法社会学与法律史学，以及从一种广泛的、外在和内在方面相联结的视角出发的法哲学。另一方面，他以“哲学视角”、“社会学视角”和“历史学视角”为标准，进一步区分法哲学、法社会学与法史学。法哲学、法社会学与法史学合在一起被称为“法学基础学科”（Grundlagenfächer），这是相对于法教义学而言的。它们也都可以从关于法的外部视角出发对法进行研究，区分它们需要依据更为细致的视角：法哲学研究整体上的、抽象的形式客体意义上的法，法社会学研究作为社会现象的法（法与其他社会现象间的关系），而法律史学研究作为历史现象的法。但其实说这是三种并列的“视角”或“框架”并不恰当。因为社会学与史学的视角只是处理作为特定对象的法，而哲学则指涉人类知识的整体框架，它隐藏于一切其他视角或框架的背后。

2. **法哲学以哲学为视角或框架**。在冯·德尔·普佛尔滕看来，哲学的任务在于，在顾及具体学科之最抽象的知识的前提下，塑造出一种我们关于这个世界及其具体现象（如法）之洞见的尽可能广泛和固有的普遍框架。法哲学将处于一切联系即作为整体之世界框架中的法作为其对象，以一切可能的方法去追求对处于一切关系中的法的一种广泛的、同时也是固有的洞见，因而要考虑到法教义学的、历史的、社会的、心理学的、人种学的和法的所有其他分支知识。就此而言，法哲学作为哲学之组成部分，或作为普通哲学在法律领域之运用这一定位似乎并不难理解。但他并没有说清的是，这种所谓普遍和整体的“哲学视角”，也即囊括了内部和外部视角的框架究竟是什么样的。没有学者（如上面提到的考夫曼）会否认，法哲学以法为研究对象且以哲学为视角。但以法为对象并不足以将法哲学划归为法学。许多学科都共享某些研究对象，决定它们之区别的更重要的标准在于研究的视角或方法。这恐怕也是为什么许多学者将同样以法为研究对象的法哲学归入哲学的原因。因为哲学视角相对于法学而言，至少表面看上去是“外部的”。因此，冯·德尔·普佛尔滕要说明法哲学也可以归属于法学，就要说明法哲学至少包括从法学视角（也即是他说的“内部视角”）出发对法的研究。刚才说过，法教义学采纳的就是这样一种视角。那么当说法哲学也包含着与法教义学一样的内部视角时，这意味着什么？

诚然，冯·德尔·普佛尔滕在别处曾论及法哲学与法教义学的紧密关系，并以德国基本法上的“人民主权”条款为例进行了有力例证。但两个有着紧密联系的事物并不见得就会分享同一种视角，法哲学的论证为法教义学的论证所吸纳，也不足以证明这两门学科的研究框架本身是相同的。但无论如何，他所打的一个生动比喻依然很好地体现了法哲学的处境：**法学与哲学就像躺在一张床上的夫妻，法哲学则像他们所盖的一床过小的被子，这对夫妻总是试图将它拉向自己一边。**

法哲学的结构

法哲学的结构主要涉及法哲学内部的划分或者说组成问题。哲学通常可以被分为理论哲学与实践哲学两个部分。其中，理论哲学研究最抽象的逻辑、本体论、认识论和语言对象与实在的联系。实践哲学追问对我们的行动、价值和规范性义务的评价、规范和证成。换言之，前者围绕“是什么”展开，而后者围绕“应当做什么”展开。相应地，冯·德尔·普佛尔滕也将法哲学划分为**法理论**与**法伦理学**两个部分。法理论描述和分析处于与世界上其他现象联系之中的法的基本结构，它的核心问题在于“法是什么”；而法伦理学则从法外对法进行规范性的证成或批判，它追问的是法律正义或正确法（richtiges Recht）的问题，它的核心问题在于“什么样的法是正义的”。这里顺便说一下，“正确法”是德国法哲学中独有的概念，有人将其译为“正当法”，甚至“正义法”，都不甚准确。学过大学一年级法理学课程的同学应该都还记得，在欧陆国家的语言中存在着一种一词双义的现象。以德语为例：Recht 一词不仅可以指实际存在的“法律”，也可以指观念上的“权利”或“正义”。想一想耶林（Jhering）的名篇

《为权利而斗争》，使用的就是这个词。在很多情境中，为了明确这个词的意义，通常会在 Recht 之前加上一个形容词来构成词组，如 subjektives Recht（主观法）与 objektives Recht（客观法），这里的“主观法”指的就是“权利”，而“客观法”相应指实际存在的法律。再比如 positives Recht（实在法）与 richtiges Recht（正确法）。所谓正确法指的就是“正义”，或更准确地说，是“法律正义”。

在冯·德尔·普佛尔滕看来，将法哲学完全等同于法理论，或者完全等同于法伦理学的做法都是不对的。前者的代表是德国 19 世纪的一般法学说（Allgemeine Rechtslehre）的拥趸，如梅克尔（Merkel）、比尔林（Bierling）和贝格鲍姆（Bergbohm），以及 20 世纪的凯尔森（Kelsen）和斯堪的纳维亚的法律现实主义。他们只承认理论哲学而不承认实践哲学，只认可理论理性而不认可实践理性。相反，后者的典型代表是新康德主义西南德意志法学派，如拉德布鲁赫（Radbruch）。拉德布鲁赫以新康德主义的底调，即实然与应然、事实与价值的二分为圭臬，将人类知识领域区分为纯粹评价性的哲学、价值无涉的自然科学和涉及价值的文化科学三个领域。相应地，与法律知识相关的领域也被区分为法哲学、法律的事实研究与法律科学（法学）。所以，拉德布鲁赫将法哲学视为评价性的学科，用这里的术语说，也就是将法哲学完全限于法伦理学，因为它解决的是法律正义问题。至于“法是什么”的问题，则被归入了法律科学（法学）的领域。这也是为什么拉德布鲁赫及其弟子考夫曼会将法哲学视为哲学的组成部分，而非法学组成部分的内在原因。但是，这种做法又走向了另一个极端，因为对某种现象进行有意义的认知和对这个现象进行评价是两回事，甚至前者是后者的基础，两者都属于哲学的任务。因为哲学要被视为我们所有洞见和一切具体学科的框架，所以必须将法理论和法伦理学都视为法哲学的组成部分。

这里还可以将冯·德尔·普佛尔滕的二分法与另一种广为流传的法哲学分类法，即奥地利学者彼得·科勒（Peter Koller）所作的四分法相对比。依据这种四分法，法哲学可以被分为法概念论、法认识论、法伦理学与法制度论四个分支领域。其中，法概念论涉及对法的概念与性质的理解，法认识论涉及对法律知识之属性的理解（包括法学方法论在内），法伦理学涉及对法的伦理证成与批评，论及人的尊严、自由、平等、公共福祉等主题，法制度论主要涉及对基本法律制度的哲学化反思与一般理论探讨，如刑罚、契约、婚姻等。前三个分支构成了一般法哲学，而法制度论则属于具体法哲学（部门法哲学）。其实，如果将“一般”与“具体”的区分抛在一边（冯·德尔·普佛尔滕就是这么做的，如他的《法哲学导论》也在其中一节涉及了刑罚），那么刑罚、契约、婚姻等主题也可以依其问题被分别归入法概念论和法伦理学之中。因此，有的学者采纳了这样的三分法：将法概念论称为“法理论”，而将法认识论称为“法律科学理论”（这是因为近代以后关于法律知识属性的争议主要围绕“法学是否是一门科学”这一问题展开），将它们与“法伦理学”并列为法哲学的三个分支领域。如斯蒂芬·基斯特（Stephan Kirste）的《法哲学导论》一书就以此为框架。所以，现在的问题在于，上述二分法和三分法，哪个更好？其实我们可以看到，冯·德尔·普佛尔滕的所谓“法理论”至少是部分包含法认识论的，这从他将法的语言运用、规范逻辑、法学的科学性等主题包含在内就可见一斑。就这一点而言，他与基斯特的区别在于对“法理论”之外延理解的不同。但值得注意的是，他并没有将“法学方法论”这个重要的法认识论分支纳入“法理论”之中。事实上，他甚至没有将法学方法论（也包括法政策学、比较法学，但这里暂且不论）纳入“法学”之中。因为他的“法学”只是包括了法哲学、法社会学、法律史学和法教义学这样几个部分。尽管他认为法哲学的两个部分，即法理论与法伦理学都与法学方法论之间存在紧密关联，但法学方法论并非它们中任何一个的组成部分（见本书第 47 页，图）。这就相当令人费解了：法学方法论该如何归类？这可以说是冯·德尔·普佛尔滕的二分法（或许不是二分法本身）的一个缺陷，在三分法中则不存在这个问题。我们可以更清晰地用下表来对比二者。

<table>
<tr><th colspan="2">冯·德尔·普佛尔滕的二分法</th><th colspan="2">斯蒂芬·基斯特的三分法</th></tr>
<tr><th>分　类</th><th>主　题</th><th>分　类</th><th>主　题</th></tr>
<tr><td rowspan="2">法理论</td><td rowspan="2">法概念论与法认识论：
法是什么？
（但不包括法学方法论）</td><td>法理论</td><td>法概念论：法是什么？</td></tr>
<tr><td>法律科学理论</td><td>法认识论：如何认识法？
（1. 法学的科学性；2. 法学方法论）</td></tr>
<tr><td>法伦理学</td><td>什么样的法是正义的？</td><td>法伦理学</td><td>什么样的法是正义的？</td></tr>
</table>

此外，二分法还有另一个**可能的**缺陷，这也是它与三分法共同的缺陷。那就是，法理论（主要指法概念论）与法伦理学的区分也是相对的。只有在理论理性与实践理性可以完全区分开来的前提下，

这一区分才是成立的。在法概念论的立场上，这意味着这一区分可能只有针对持特定概念论立场的人，即法律实证主义者，才是成立的。法律实证主义者会清晰地将法的概念与对法的伦理要求区分开来，或者说区分法与道德在概念上的关系与其他方面的关系。对他们来说，“法是什么”与“法的善恶”是两个可以被分别对待的问题。但是，这种区分在自然法学者那里并不成立。如，在古典自然法学者那里，某事物是否是法，完全取决于它的道德正确性，伦理要求构成了法概念的充要条件。而在当代非法律实证主义者那里，也都会将道德正确性作为法概念的一个必要（尽管非充分）条件。所以，在自然法学者那里，法理论与法伦理学要么完全、要么至少是部分重合的。这就对二分法构成了挑战：这样的划分或许是以特定理论立场为先决条件的。但是，我们毕竟在逻辑上可以区分出法哲学的这两个部分。没有理由从一开始就假设这种划分不能成立。所以，我们说这只是二分法的一个“可能的”缺陷。

三

作为法哲学的首要组成部分，**法理论**研究的核心问题是“法的概念”。它也可以被表述为“法是什么”或者“法的必要特征是什么”这样的问题。当然，对于这一问题本身就已然存在争议了，而对这一问题的回答也取决于对于这一问题本身的理解。这里的出发点在于，“概念”究竟是什么？在学说史上，大体可以区分出四种关于“概念”的理解：①理念实体［理念论，柏拉图主义（Platonismus）］；②具体事物的现实属性［唯实论，卡尔纳普（Carnap）］；③观念或精神表征［概念论或弱唯名论，笛卡尔（Descartes）、洛克（Locke）、休谟（Hume）、康德（Kant）等］；④语言单位［严格的唯名论，霍布斯（Hobbes）、维特根斯坦（Wittgenstein）、奎因（Quine）］。在冯·德尔·普佛尔滕看来，对于一种像哲学目标这样的广泛观点而言，第三种，即关于概念的精神式解释是最有益的，因为精神表征处于被表征之属性与语言之间，同时指涉两者。所以它是获得关于具体对象及其联系之广泛观点的最佳手段。

获得法的观念或精神表征就要弄明白法的必要特征。法在概念上可以被用于人法，也可以被用于神法或自然法，而冯·德尔·普佛尔滕关注的焦点在于人法。他用以界定人法的第一步，也即是作为后续分析之基础的观点在于这样一个命题：**人法（以下简称“法”）必然是广义上人类行动的一种形**

式。无论是议会立法、法官裁判抑或是行政官员的行政行为莫不如此。这种观点听上去十分稀松平常，但在西法史上却并非主流。在当代主流学说中，法一般被视为一种秩序、体系或制度。冯·德尔·普佛尔滕从三个方面对主流观点进行了批评，大意是说：主流术语过于一般化因而无法把握法作为人类行动的特殊之处；它们过于模糊、带有人为色彩，是纯理论性概念，无法像“人类行动”这样的日常概念那样能带来洞见；它们作为社会学概念只关注因果和功能，而没有把握住法是目标取向的人类行动这一关键之处（提到这种社会学倾向，作者还曾在《法哲学是什么、为了什么？》一文中用专门的篇幅来反对法理论的社会学化，认为它将法理论还原为法与社会的外部关系的做法遮蔽了对于法的更加宽泛和多样化的理解）。

但“法是最宽泛意义上的人类行动”这一界定毕竟过于宽泛。法是人类行动，但人类行动并不仅是法，它只是定义出了“法”这个事物的“属”，却没有揭明它的“种差”。这意味着，法一定是一种特殊的人类行动。这种特殊性何在？在这里，冯·德尔·普佛尔滕采用了“目标”和“手段”的二元框架。一切人类行动都至少包括两个必要属性，即目标和手段。前者是行动的意图，后者是为实现这一意图所需的各种各样的方法。目标与手段之间并非总是一一对应的关系，它们可以是多对一的，也可以是一对多的。比如当某人举手（这是一种手段）时，这可能是在打招呼，可能是表示同意某个契约，可能是体操训练，可能是要求发言（这些都是目标）。再比如，打招呼这一目标可以通过不同的外部动作来实现，如挥动胳膊、握住他人的手、说“早上好”、对他人微笑等（这些都是手段）。这说明，在考虑某个事物，如法的特殊性时，既要考虑其目标上的特殊性，也要考虑其手段上的特殊性。一方面，特定的目标可以将法与一般人类行动的概念区分开来。这一点仅仅通过手段是无法实现的，因为同一种手段可以用来达成不同的目标。如规范不仅在法中被作为手段运用，也同样在道德、宗教、政策、技术、医学和非道德的惯习之中被运用。另一方面，不同的人类行动也可能追求同一种目标，所以还需要考虑它们在追求这种目标时所使用的不同手段。所以，特定的目标与特定的手段都属于法的必要特征，都是不可缺少的。任何只依据目标或只依据手段来理解法的做法都不符合关于法的一种广泛的哲学视角，而至多只会导致对它部分面向的认识。

法的必要目标

冯·德尔·普佛尔滕依据“目标”和“手段”这一二元框架对西法史上的代表性观点逐一作了剖析，并作出了一个总体性判断：除个别情况外，从古希腊以降，思想家们从一开始仅关注目标逐渐转变为以关注手段为中心。并且，即便是目标方面也从一开始高要求的目标（如正义、幸福、公共福祉等）转变为要求不那么高的目标（如自我保存、指引行动等）。在此基础上，作者认为，法的必要目标必须满足两个要求：它不能过于一般化，也不能过于特殊化。过于一般化（如“指引行动”）则相较于其他人类行动就凸显不出特殊性，过于特殊化（如“正义”）就涵盖不了一切时代和文化中的法的一种不可变更的属性（如“纳粹法”的属性）。那么，法的必要目标是什么？那就是，**调和可能相互对立与冲突之欲求**。这一目标包括四个要素：①可能的欲求/利益。这里又要理解这么几点：首先，法要调和的欲求不必是现实存在的，有可能即可。其次，欲求包括四种类型，即追求、需要、欲望和目标，它们是逐渐从纯肉体性的欲求过渡到纯精神性的欲求的。再次，欲求可以是主观的，也可以是客观的。最后，需要用法来调和的欲求拥有固有的分量，也就是独立于法之外的分量。②可能的相互对立。也就是潜在的不完全协调性，如果欲求之间相互协调就没有用法加以调和的必要了。③冲突的可能。可能对立并不一定可能冲突。冲突的前提是相互对立之欲求各自实现的可能，如果只有其中之一有实现的可能，则两者就没有发生冲突的机会。例如，休假者想要天晴而农民想要下雨，这是两种相互对立的欲求，但某天的天气只能是要么天晴、要么下雨，也即实现其中之一，此时休假者和农民间的欲求就没有冲突的机会。④调和。调和不仅要是可能的，也必须要是现实的。它意味着法必须要考虑相互对立之欲求，而不能完全不顾及其中一方。它并不要求法去追求乃至实现正义、平等、公共福祉这样的高要求，而只是要求现实地和认真地考虑可能之利益攸关者的欲求。因此，按照这种目标设定，不追求或实现正义的法在概念上依然是法（尽管可能是“恶法”），但完全不考虑（或不在最低限度上考虑）所涉及之相关者（如奴隶）的利益的法在概念上就不是法。

法的必要手段

虽然特定目标对于法概念而言是必不可少的，

但许多社会行动拥有与法相同或相似的目标，如道德、政策、宗教和非道德的惯习等。此时，只能通过特定的手段来区分法与它们。冯·德尔·普佛尔滕考察了思维、语言、命令/强制、义务/规范、规则（规范的等级结构、规则的双阶性）、原则等一系列西法史上的著名提法，并逐一进行了反驳。这里仅举一例。按照英国法学家哈特（H. L. A. Hart）的著名观点，法是一种由初级规则与次级规则组成的双阶规则体系。初级规则直接指向人们的行为（义务规则），而次级规则直接指向的是初级规则（授权规则），后者又由承认规则、变更规则与审判规则组成。其中最重要的是承认规则，它是整个法律体系的基石，它授予其他规则以法律效力，只有通过承认规则检验的才是属于同一法律体系的法律规范。承认规则本身是一种社会规则，涉及实际的社会实践。但冯·德尔·普佛尔滕认为双阶规则体系的假定既不充分也不必要。他举了一例：在 19 世纪的巴黎，风云人物 X 夫人所举办的沙龙所采用的规则（如着装规范、礼仪规范、餐桌规范）在当时风靡整个巴黎上流社会，并为后者所遵循。这里就存在着一个类似的双层规则体系：作为次级规则的承认规则——“X 夫人的沙龙规则是巴黎上流社会的有效规则”以及初级规则，即 X 夫人的所有沙龙规则。

但显然X夫人的规则体系并不是法，而只是社会惯习。那么，法的必要手段是什么？冯·德尔·普佛尔滕依次分析了思维、语言、义务或规范，认为它们都属于法的必要手段，但却并不为法所独有。相比于其他社会行动，法的决定性属性为：①**绝对性**。这使得法区别于惯习：法包含绝对的义务，也就是不需要承担义务者的同意为前提就可以强制施加的义务，而惯习必然以行动者的自愿为前提。②**外部性**。这使得法区别于道德：法只拥有外部渊源与手段，而道德同时包括内部渊源与手段（如良知）。③**正式性**。这使得法区别于政策：法的产生、颁布与运用都具有正式性，并由此实现了法的安定性，而政策则没有。④**固有性**。这使得法有条件地区别于宗教：法指涉人类及其行动的固有世界关系，也即是存在于实际世界中的关系，而宗教具有超验目标，是超越于实际世界的。但这种区分有一个前提，那就是法与宗教已经得以区分的事实状态。因为像伊斯兰法那样的宗教法至今依然不区分两者。所以这一区分以政教分离的社会条件为前提。

综上，冯·德尔·普佛尔滕得出了这样一个法的定义：**法是这样一种社会现象，它以调和可能相互对立和冲突之欲求为目标，并拥有绝对性、外部性、正式性以及——只要它与宗教相分离——固有**

性的手段。这一定义富有洞见，但也开放出了许多问题：

首先，将法视为一种特殊的人类行动是否恰当？如前所述，“人类行动”是作者为法找到的上位概念，也是其法概念的基石。但是，“法”与“法律行动”（具有法律意义之行动）是两个不同的概念，而作者显然并未区分两者。正如许多学者曾表明的那样，法在性质上是一种规范——它当然与人类行动有关，但正是它的规范属性使得与之相关的人类行动成为法律行动（具有法律上规范意义的行动），而不是相反——它凭借某种行动而成为法。即便法（及其法律行动）真的具有冯·德尔·普佛尔滕所提出的上述目标与手段，它依然可能不是法。例如，“命令”也可能具有上述必要特征，但命令显然不等于法（除非你是一位“法律命令说”的支持者）。当然，冯·德尔·普佛尔滕并不否认规范（规范性）对于法的重要意义，只是他仅将规范视为法的实现手段之一，并且因为规范不能使得法区分于其他社会行动而没有将它纳入法的定义之中（参见本书第93页）。但它或许恰恰是应当被置于法概念的中心的，至少应被视为核心要素之一。

其次，法的必要目标是必要的吗？区分必要目标与必要手段并结合两者来阐释法的必要特征看起来非常全面，但它似乎恰恰忽略了给法下定义的初衷。概念的基本功能在于区分，也即是将此事物与彼事物区分开来。法的必要特征的作用就在于将法与其他事物，尤其是其他社会规范相区分。但正如作者的论述所表明的，“调和可能相互对立和冲突之欲求”这一目标并不足以区分法与道德、政策、宗教和惯习。要区分它们还得依靠手段。这就给在法定义中出现“目标”的必要性提出了挑战。我们可以不否认法的确拥有这样的目标，或者也可以说法所要发挥的作用和功能正在于此，但承认法的目标、作用、功能并不等于要将它放入法概念之中。这恐怕正是哈特就将“指引行动”作为法的目标或功能的同时，并没有将它作为法概念之核心要素的原因。

最后，两个必要条件合起来就能构成充分条件么？如果暂且承认将法的目标纳入法定义是必要的，那么与此相关的一个更关键的问题在于，是否结合法的必要目标与必要手段就足以来定义法。我们都知道，给某事物下定义就意味着给出它的充分必要条件，定义等式的两边是可以互换的，它可以被表述为“当且仅当”的条件句。给法下定义就意味着给出法的充分必要条件。而必要条件只是给出了法的一些必不可少的条件，即只有具备它们，某事物才可能是法。换言之，对于法而言，这些条件意味着：缺少了它们，某事物就不可能是法。但这并不一定意味着它们同时构成了法的充分条件，即只要具备它们，某事物就是法。调和可能相互对立和冲突之欲求为目标，并以绝对性、外部性、正式性以及——只要它与宗教相分离——固有性为手段的社会现象，就是法么？显然并非如此。必要条件的叠加并不必然同时成为充分条件，否则就是逻辑上的错误推论。所以，或许一开始从“必要”特征入手去寻求法概念或法定义的做法在逻辑上就不是那么可靠的了。只有当我们并不在严格的逻辑意义上来看待冯·德尔·普佛尔滕的“法定义”时，它才能成立。

总的来说，冯·德尔·普佛尔滕为我们提供了另一种有益的思考法概念的框架，并进行了积极的探索，但我们仍需对这个框架本身及其细节进行反思与拷问。任何一种基于前人见解的新探索都可能提供某种洞见，但也都并不能提供尽善尽美的说明。这或许也正是“法是什么”这个“恼人不休”的千年难题的魅力所在吧。

四

作为法哲学的另一个组成部分，法伦理学研究的主要问题是“法的正义（公正）”问题，即对于法的伦理要求。它可以被表述为“什么样的法是正义的（正当的）?”，在德国语境中也可以被表述为“正确法具有何种内容?”。在本书中，冯·德尔·普佛尔滕处理了三方面的问题，即伦理的客观性问题、正义关系问题和规范伦理学问题。

伦理的客观性问题

伦理学从其组成上可以被分为两部分，一部分叫做“元伦理学”，一部分叫做“规范伦理学”。伦理学的基本范畴是“好”、“坏”，“善”、“恶”。规范伦理学处理的是伦理学的规范性标准问题，即如何区分“好”与“坏”、“善”与“恶”，这里边的标准是什么。根据提供这一标准的理论进路或者界定标准的方式不同，可以区分出义务论伦理学、功利主义伦理学、契约论伦理学、美德伦理学等诸多进路。元伦理学处理的则是更为根本的基础概念及其性质的问题，即：“好”、“坏”，“善”、“恶”是什么意思？进而，究竟有没有一套客观的标准可以帮助我们区分“好”、“坏”，“善”、“恶”？对于这后一个问题，大体可以区分出两大阵营。一个阵营叫做“非认知主义”，它认为伦理判断纯粹是主观的，要么只是利益或观念的表达，要么是情感的宣泄。斯蒂文森（Stevenson）情感主义伦理学是其代表。另一个阵营叫做“认知主义”，它主张伦理判断是客观的，当然对于客观的标准是什么又存在争议。如主张“善”属于道德客观直觉的乔治·爱德华·摩尔（George Edward Moore）、主张“善”属于道德实在的马克斯·舍勒（Max Scheler）、主张道德融贯论的戴维森（Davison）等等。在短小的篇幅内，作者并没有也不可能涉入对元伦理学立场的争议，而只是简单地从日常观念出发假定了伦理的客观性立场：法伦理的判断，如死刑是否被废止，不可能像你爱吃什么、爱喝什么、爱听什么音乐这些事一样是纯主观口味的问题。进而，他又指出，在客观主义的诸多解说中，融贯论对于法伦理更具说服力。也只有承认了伦理的客观性，才能有规范伦理学存在的可能。

正义关系问题

伦理学的基本范畴是“好”、“坏”，“正义”与“不正义”则属于“好”、“坏”的下位概念，它们要比“好”、“坏”的含义更窄。法伦理领域运用得更多的是“正义”与“不正义”，而不是“好”、

“坏”，为什么呢？因为正义在概念上必然涉及他人，它是一种相对于他人之行动、规范或制度的属性，即一种关系性的属性。而法属于社会规范，调整的是社会关系，即人与人之间的行动关系。纯粹涉及自己而不涉及他人的行动虽然属于伦理调整的对象(适用“好”、“坏”的评价)，但却不是法所调整的对象（不适用“正义”与“不正义”的评价)。在此意义上，正义与法的指向是一致的。冯·德尔·普佛尔滕认为，法可能涉及四种正义的关系：①交换正义。这指的是，如果两个行动彼此关涉，那么就会出现一种相互交换关系。这就会产生对平等的期待，也即是双方行动者通常会提出对平等对待的正当期待。因此，交换正义意味着“平等”。②贡献正义。有时行动涉及的是三方主体，即双方行动者及由他们合在一起组成的共同体。双方行动者各自可以对共同体做出同等或不同等的贡献，这就是贡献正义。③分配正义。不仅双方行动者各自有指向共同体的贡献正义关系，而且也存在共同体指向他们的分配正义关系。④矫正正义。有时共同体的行动指向的不是行动者，而是双方行动者之间的关系，也即是要改变他们之间的（不正义）关系，此时就是所谓的矫正正义。这些正义关系有时要作水平扩展，因为行动者及其组成的共同体可能不止一个，而是多个，此时在它们之间也存在正义关系（如国家与国家之间）；有时还要作垂直扩展，因为数个共同体可以组成一个更高位阶的共同体。此时前者可称为“一阶共同体”，后者相应地称为“二阶共同体”，这两种不同位阶的共同体之间也存在正义关系（如国家与国际组织之间）。并且，二阶共同体还可能穿透一阶共同体与后者内部的行动者之间发生正义关系（如国际组织与国家的公民之间），这就会形成一种额外扩展关系。作者用图形来直观地展示了这些扩展关系（见本书第142~143页）。

规范伦理学问题

规范伦理学提供判断伦理上“好”与“坏”，或者更准确地说（针对法伦理领域而言）“正义”与“不正义”的标准。冯·德尔·普佛尔滕将规范伦理学划分为两大阵营，即规范个人主义与规范集体主义。规范个人主义主张只有个人才能成为正当的伦理义务或评价的最终出发点，而规范集体主义则主张，道德判断可以在某个集体（如国家、民族）那里找到其最终的证成依据。说白了，前者认为判断一个行动正义或不正义的最终依据是个人，而后者认为最终依据在于集体。哪种立场是值得赞同的？

为此，作者考察了学说史上的四种经典的规范伦理学进路。①义务论伦理学。以康德为代表。康德主张个人的良善意志是一切义务的出发点，良善意志的唯一标准是个人心中的道德法则。这种道德法则可以被具体化为著名的绝对命令："只应当这样来行动，使你的意志所遵循的准则能同时成为一条普遍的法则。"这条绝对命令的特性在于其可普遍化。它还可以衍生出其他的表述，其中最著名的是"行动时总是将人，不管是自己还是他人，作为一种目的而非只是手段"。(对此有兴趣可参见［美］唐纳德·帕尔玛：《为什么做个好人很难?：伦理学导论》，黄少婷译，上海社会科学院出版社 2010 年版，第 131 页，作者将绝对命令归纳为五种不同形式。）②功利主义。也叫后果论伦理学、目的论伦理学。以边沁（Benthem）和密尔（Mill）的古典功利主义和辛格（Singer）的现代功利主义为代表。功利主义认为所有人的最大利益，或某个行动的最佳后果在伦理上就是判断善恶的决定性标准，如"最大多数人的最大幸福"这句著名的标语所体现的。③契约论。以古典的社会契约论者和当代的罗尔斯（Rawls）、斯坎伦（Scanlon）等人为代表。它将善恶的判断标准奠定于公民间达成的假想的契约之上，其核心在于同意。以哈贝马斯（Habermas）为代表的商谈理论延续了契约论的基本思路，将能够获得商谈所有参加者的同意作为判断（伦理）规范能否成立的基本标准。但要注意的是，契约论是将重心放在同意或者说共识之上的，而商谈理论的重心则在于达成共识的过程或者说程序。④美德伦理学。可以追溯到柏拉图（Plato）与亚里士多德（Aristotle）。与前三种进路不同，美德伦理学关注的焦点不在于行动本身，而在于行动者，它将某个行动能否提升行动者个人的德性作为判断标准。综上，说得浅显些，这四种进路所提供的标准可以依次被表述为“符合普遍道德法则的才是正义的”、“对大多数人有好处的就是正义的”、“大家都同意的就是正义的”、“使人德性变高的才是正义的”。通过逐一的分析，冯·德尔·普佛尔滕认为这些规范伦理学进路都渗透着规范个人主义的色彩，只有它才是合适的规范伦理学立场。

接着，作者分析了规范个人主义（他称之为“一种充分的规范伦理学”）的要素，并着重阐释了最后一个要素，即个人欲求之个人相关性、他人相关性或共同体相关性原则。他区分了三个领域的欲求，即不必然依赖于他人的个人域的欲求、部分依赖于他人或某个共同体的相对域的欲求、几乎完全依赖于他人或某个共同体的社会域的欲求。这些欲求发生冲突时该怎么办？这又区分为两种情况：

①相同域之欲求发生冲突。此时，如果是个人域之利益发生冲突，那么就适用平等原则；如果是相对域之利益发生冲突，在原则上依然适用平等原则，但同时要考虑帕累托最优等原则；如果是社会域之欲求发生冲突，则通常运用最佳化原则（功利主义的利益最大化原则）。②不同域之欲求发生冲突。此时，个人域之欲求相对于相对域或社会域之欲求享有绝对优先性，而相对域的欲求相对于社会域的欲求享有初步的优先性。随后，作者以德国的宪法、民法、行政法和刑法领域来例证了德国法上的规范个人主义烙印，还以此角度来分析了国家刑罚的正义与国际层面的正义这样两个特殊法伦理学主题。

说完了法伦理学的内容，我们再回过头来看看作者区分法理论与法伦理学的另外一个标准。冯·德尔·普佛尔滕之所以将法哲学区分为法理论与法伦理学这两个部分，除了是为了与哲学的两个部分相对应外，另外一个依据在于他关于“道德”与“伦理”的区分。他认为，“道德”指的是实际存在的实在道德，而“伦理”指的是批判道德，前者是一种社会事实，而后者是一种理想。以此来观察法律实证主义与非实证主义之间的争议，就会发现：道德与法之间的关系是两种社会事实之间的关系，这种关系只可能是外部性的和偶然的，因此不存在概念上的必然联系；而伦理作为一种法的理想，要求法成为良善或正义的法，为此要以特定的方式来具体化它的目标与手段，所以法与伦理在概念上存在必然联系。他认为以往的实证主义与非实证主义间的争议没有仔细区分道德与伦理，因而陷入了误区。其实这一区分并不新颖，我们在哈特那里早就可以找到，只是术语有所不同而已。而联系命题与分离命题之间争议的焦点，并非是法与任一实在道德在概念上是否存在必然联系（甚至这种说法本身就是自相矛盾的），而是法与理想的或正确的道德（也就是作者所说的“伦理”）之间在概念上是否存在必然联系。就像当代非实证主义者、德国法哲学家罗伯特·阿列克西所指出的，（作为非实证主义立场论据之一的）道德命题指的并非“法与某一种道德之间具有必然联系”，“而是法和正确的道德之间存在着必然联系”（［德］罗伯特·阿列克西：《法概念与法效力》，王鹏翔译，台湾五南出版公司 2013 年版，第 116 页）。进而，联系命题说的是“法律的效力或法律的正确性和道德价值或道德正确性之间存在必然联系”。所以，冯·德尔·普佛尔滕的批评似乎是错失重心的。当然，他并不因其关于法与伦理必然联系的观点就此成为典型的非实证主义者中的一员。他认为法与伦理的概念联系只能用来决定法是好是坏、是善是恶，而不决定它是不是法。通过阅读作者的一篇论文《法是什么？——目标与手段》可以发现，他隐隐区分了“概念-现象”与“规范-伦理”这两个层面，认为法概念（是不是法）的问题属于前一个层面，而法伦理（恶法/善法）的问题属于后一个层面。但其实，法概念是否只有事实（现象）的面向，抑或同时包含理想（规范-伦理）的面向，本身就是实证主义与非实证主义的争议点。如，阿列克西在其关于“法的双重本质”的论述中，正是通过法的理想面向将正确道德这一要素拉入了法概念之中。

在这里，冯·德尔·普佛尔滕似乎又犯了另一个错误。他认为法与伦理具有必然联系的一个前提条件是法具有独有的目标（参见本书第111~112页）。这又回到了他关于法之目标与手段的二分框架。他批评实证主义者将法的特定属性还原为手段，如规范，从而忽视了这种必然联系。但实际上，法是不是一种规范根本就不是双方争议所在。就像他本人意识到的，非实证主义者也接受这一点（参见本书第123页）。并不能因为许多实证主义者围绕规范来解释法的性质就将之作为实证主义立场的凭证。实证主义者与非实证主义者大可在都承认法是一种规范的同时，围绕“法律规范与（正确的）道德规范之间是否具有概念上的必然联系”或者“法律的规范性是否至少部分来自于道德”这一点展开争议。同时，实证主义者也无人否认法具有其目标，就像书中所举的哈特就将“指引行为”视为法的目标。但仅此依然无法建立起法与伦理之间的必然联系。所以真正的可能是，冯·德尔·普佛尔滕本人所持的特定目标观（而非“目标”本身）在法与伦理之间建立起了必然联系，也正是这种特定目标观承载着伦理理想或者说“正确性”的要求。这就超越了实证主义者能接受的范围了。如果说从冯·德尔·普佛尔滕关于这种特定目标观的表述——调和可能相互对立和冲突之欲求——本身还看不出那种理想性的话，那么他关于它的阐释——完全不考虑（或不在最低限度上考虑）所涉及之相关者（如奴隶）的利益的法在概念上就不是法——就很明显地体现出了伦理的要求。事实上，他本人也将“顾及利益攸关者”这一要求称为“十分弱的意义上的正义”。可见，不是法概念中必然包含“目标”这个范畴本身，而是包含着他自己所支持的特定目标观（已上升为一种伦理理想）才使得法与伦理在概念上建立起了必然联系。进而，他依然可以被视为一位非实证主义者，只是他的做法与拉德布鲁赫较为接近罢了：未能满足更高正义要求的法还是法（虽然在伦理上有瑕疵)，但跨越了特定的伦理门槛（“不顾及利益攸关者”这一最低限度的伦理要求）的法就不是法了。与此相反，拒绝在法概念中纳入任何理想要素的实证主义者，只会承认不顾及奴隶利益的法（如奴隶制时代的法）依然是法。

五

如果要提纲挈领地掌握本书关于法哲学的基本内容和立场，那么就可以将其概要式地总结为三大命题：

> **命题 1**：法哲学从哲学视角出发，将处于一切联系即作为整体之世界框架中的法作为其对象。它既是法学的组成部分也是哲学的组成部分，本身可以分为法理论与法伦理学两部分。
>
> **命题 2**：法理论指涉法概念的问题，即“法是什么”，这需要结合法的特定目标与手段来加以予以回答：法是这样一种社会现象，它以调和可能相互对立和冲突之欲求为目标，并拥有绝对性、外部性、正式性以及——只要它与宗教相分离——固有性的手段。
>
> **命题 3**：法伦理学指涉正义的问题，即“什

么样的法是正义的”，它以规范个人主义伦理学为立足点，因为只有个人才能成为正当的伦理义务或评价的最终出发点。

法哲学有价值么？对此，冯·德尔·普佛尔滕尽管没有在书中明确提及，但他在2004年发表的《法哲学是什么、为了什么?》一文曾对此进行过系统阐述：①法哲学具有法教义学上的适用功能。缺乏法哲学层面的考量，许多法律规范是难以理解和适用的。法律规范越抽象，就越是如此。尤其是宪法，但也包括那些比较抽象的普通法规范。只要想一想德国基本法第1条关于人的尊严的规定（它拥有超过两千年的观念史），以及为了解释它发展出来的“客观公式”（清晰对应于康德在《道德形而上学原理》中提出的绝对命令的第二个公式）就可以了。②法哲学具有澄清和批判的功能。与其他对象相比，法要复杂得多，它具有多重面向，如社会的、历史的、政治的等等。但法的这些面向中的每一个都只能将法理解为一种孤立或有限的关系性现象，而这种复杂性却使得有必要将这些面向相互联系，进行体系化并采纳一种总体性的观察方式。这种总体上的观察方式恰恰就是哲学。作为我们知识的框架，它能使得法的复杂性得到自我澄清。此外，法必须被证成和批判，只有法伦理学才能提供一种外部标准，来对它进行超越纯粹合目的性考量意义上的批判。③法哲学具有教育功能。科学研究应当以大众教育为媒介。虽然法教义学也传授大众教育，但像法哲学这样的基础学科能够开阔眼界，是不可放弃的。对于普通哲学的学习者而言，进行法哲学的思考则是与社会的一个核心部分相关联的重要方式。他们可以借此获得世界的知识，而不只是理论的知识。

当然，最后要说的是，就像冯·德尔·普佛尔滕自己所指出的，对法进行抽象和宽泛之理解的哲学视角只是诸多观察视角之一。这一哲学的视角相较于其他视角并不当然享有优先地位，但同时它也不能被法教义的、历史的、社会学的、自然科学的视角所取代。

I.引言：什么是法哲学？

法是什么？什么样的法是正义的？法哲学的基本问题如是说。故而法哲学追求**对法的认知**。**法**哲学这一概念的前半部分（即“法”——译者注）清晰说明了法哲学认知追求的这种对象。但法学的其他分支学科同样追求对法的认知。法哲学与这些分支学科之间的差别在哪里？对于这一问题，法**哲学**这一概念的后半部分（即“哲学”——译者注）给出了一个同样清晰的回答：法哲学对于法的认知角度是一种**哲学的**角度。因而法哲学同样也是**哲学的分支学科**。法哲学的任务依赖于**哲学的一般任务**。

但哲学的一般任务在一种基本性的层面上就已经是有争议的了：如果人们像柏拉图（Platon）或亚里士多德（Aristoteles）那样认为哲学是一门根本性的**理念学科**或**实然学科**，追求的是**客观知识**，那么法哲学就必须要去追求**法的理念**或**实然**，并以**客观认知**为目标。这是一个极端。相反，如果人们像维特根斯坦（Wittgenstein）及20世纪的其他怀疑论者或实证主义者那样，否认哲学（至少是超出语言分析和语言批判之外的哲学）具有什么**科学性**或**客观性**，那么同样，法哲学就——如今天绝非罕见的情形——更多只会导向一种有限存在者，它以一般法学说、一般法理学、规范逻辑或规则理论为还原形式。又甚或它会演变为一种理论法社会学，从而自我消退。这是另一个极端。世界就位于不同的哲学观点以及法哲学观点之间。因此，法哲学不得不在哲学之一般任务这一千年之久的问题中占据一个立场。

不言自明的是，在这里既无法充分探讨哲学之一般任务的问题，也无法对此给出令人满意的回答。但它并不能被回避，因为即便是法哲学上的许多具体争论都与这一问题休戚相关（但这一点常常是未被反思和未被言明的）。每种偏离哲学之一般任务这一问题的企图都导向了对这一问题隐蔽的从而也是没有根据的回答，因而在方法上和智识上必然不令人满意——许多法哲学阐释都有这个缺陷。因此，这里将首先简要勾勒出我对普通哲学所建议的那种理解，或者说作为本文基础的那种理解。它涉及一

种温和的、在前面提到的两个极端——将哲学视为理念学科或现实学科，以及将哲学仅仅视为语言分析或语言批判——之间**进行调和的**哲学理解，它将含着尽可能多的观点（参见冯·德尔·普佛尔滕：《追寻洞见》）：

每种对知识的追求或者说每门学科都要求至少具备三个要素：

> (1) 对象，即形式的、认识论意义上的客体，
>
> (2) 追求知识的目标，以及
>
> (3) 认识对象的特定手段，即方法。

例如，生物学将所有生物都作为其**对象**，将描述和说明这些生物及其出现过程、构造和行为作为其**目标**，并将实验、经验研究、假说以及理论作为其**手段或方法**。

对于哲学而言，有**三个洞见**是根本性的：**首先**，哲学**并不将具体的、彼此分割的事物或事实作为唯一的对象**，就像生物学（生物）、物理学（能量与物质）、社会学（社会）、数学（数字、函数、证明）甚至法学（法）那样。它恰恰不是具体学科，否则它就不可能作为“**所有具体学科之母**”在其历史进

程之中孕育出如此多的具体学科了。**其次**，如果说具体学科研究的是所有类型的具体的、彼此分割的对象，或者说事物和事实的话，那么**哲学的对象就必然是或属于不同的类型**。但**再次**，作为对知识的追求，哲学**不能放弃拥有一种形式客体意义上的对象**。它不能只限于认知的目标和/或方法。那种我们视为对知识之追求的特殊类型的人类行动，在概念上必然是**对某物**的认知。它总是**关系性的**，或者更准确地说：是**有目标的**，也即是说，**有意识地**取向于某个认知的对象——但就像数字一样，它无需是位于时空中的现实事物或现实事实，而只是一种**我们追求去认识的形式客体**。那么，哲学的认知对象、认知目标和手段或方法究竟是什么呢？

（1）当所有的具体学科取走各自所有的具体对象（即事物或事实的类型）之后，为哲学留下的认知对象就是**所有具体对象的总体和所有具体对象联系的总体**了，也即是**世界的所有结构或一般性结构**。但这要从一种**思想的**和**抽象的**，而非从一种经验的或物理的，或者从只是将具体学科的知识相加的意义上来理解。哲学研究追求将具体的对象，如法、语言、知识或人，**理解为所有具体对象（即类型化的事物和事实）之间联系的组成部分**，换言之，它以所有这些类型化的具体事物和事实之间的联系为对象。这些具体对象不能像在具体学科中那般被孤立地考察，而要通过其一般性的关联来考察。

（2）哲学的**认知目标**依赖于其对象。如果哲学的对象在于世界的一般结构，那么它的目标就只可能是一种**将世界作为整体的广泛视角**。每种有限的视角都不会以所有事物间的联系为对象，而只会以具体事物或事实，或者以它们与别的具体事实或事物间的联系为对象。因而“广泛的”不能被理解为一种相加。虽然每种具体知识与哲学都是相关的，但这种对所有具体知识的简单叠加并不是它的目标。哲学不是知识的汇总，也即是说，不是百科全书。它毋宁涉及关于世界的一种具有决定意义和抽象的视角。尽管如此，当涉及具体的、彼此分离的对象（如法）时，哲学视角就只是许多原则上同等重要的视角中的一个，因为法学分支学科的整体也以法为对象。

（3）如果哲学的对象是具体事物之间的联系或者一切事物与一切事物之间的联系，而它的目标是关于这种联系的广泛视角，那么就没有理由对哲学为达成这一认知目标而运用的**手段**，即其**方法**加以限制。因而哲学可以使用具体学科之一切可能的方法，以及其他追求知识的方式。哲学的方法不限于、也不只聚焦于经验无涉的推衍（如数学和逻辑），也不限于以经验为基础的研究（如自然科学与社会科学）。为了更好地实现一切事物与一切事物或具体对象（如法）与其他对象之间联系的广泛视角，一切方法都是有用的，也可以被运用。

尽管如此，宗教同样追求对世界的一种广泛理解。但在哲学与宗教之间存在着一个本质性的差别：哲学——至少在西方的学科形式中——从一种**此在的、固有的**视角出发来展开其对洞见的追求，它主要以我们的理性和我们的知觉为**手段**。相反，采取**彼在的、超验的**视角的宗教则主要在启示、教会决定、信仰传统或自我冥想中去发现其**方法论**基础。

1. 作为哲学组成部分的法哲学

法哲学对于法的独特认知视角是什么？法哲学对于法的视角尽管与法学其他分支学科的视角一样只是一种具体的视角，但它与这些视角有一个本质特征的不同：它是**哲学的**，因而**不是碎片化的**。它没有将法从其作为整体之世界的组成部分的联系中切割出来。它是关于法的**固有**视角，这与宗教的超验视角相对立。**因而法哲学从一种此在的视角出发，将处于一切联系即作为整体之世界框架中的法作为其对象。它以一切可能的方法去追求对处于一切关**

系中的法的一种广泛的、同时也是固有的洞见，在此法教义学的、历史的、社会的、心理学的、人种学的和法的所有其他分支知识都要被考虑到。

如何来更精确地描述对于法的哲学视角？对这一问题的第一个回答必须十分小心：人们不再能理所当然地假设，法拥有某种**本质**或**物质**，或者说**实质**。这种形而上学和本体论上的主张甚至对于**自然对象**而言也遭受到了认识论［康德（Kant）及其他学者早已论述过］的质疑。对于作为**社会现象**的法而言就更是如此了。我们无法认识到物自体的本质。但我们毕竟可以去研究某个对象（就像它向我们呈现的那样）的尽可能**稳定持久的**，因而是**必要的属性**。因而我们可以去寻求法这一现象及其关系的尽可能稳定持久，因而是必要的属性，去确定它们（因为它们是最持久稳定的，因而是必要的属性）与其他对象和事实间的一切在更高程度上可变的关系。

2. 作为法学组成部分的法哲学

但法哲学并不只是哲学的组成部分，它也是法学的组成部分。它是法学的组成部分，因为它针对法学所独有的那类特定对象提出了对一切事物与一切事物之间关系的哲学追问：**法**。

但如何来理解法呢？如果暂时先不考虑神法或超验的宗教法，以及某种可能的自然法（对此随后将有论述）的话，那么无论如何要被考虑的就是**人所创设、事实上存在的**法，即所谓的“实在”法。在这里的语境中，形容词“实在的”（positive）表明的只是人法在价值无涉意义上的“实在化”，即“现实化”或“确立化”，而非赋予其“积极的”评价，即“好的”。这种实在法主要包括宪法规范、法律、法规、规章、习惯法、法官法和契约。

实在法可以不同的方式成为法学的对象：

适用导向的，即与个案或规范相关的法学（即所谓**法教义学**）从一种内在的适用者视角，即现实的或至少是拟制的法官、行政官员、律师等的视角出发来解释特定法秩序中的现行法。在此它统合了经验描述与对事实上之法律运用的分析，也即拥有**经验科学的成分**。它同样是一种**文本解释**，即**诠释学**。就此而言，它接近于语言学、文献学或文化科学，以及宗教教义学。但它在本质特性上是一种**规范科学**，它固有的目的是一种**内在的**和**规范性的**：对现行法的实践提升与适用——无论它是**现实的**，即从作出解决个案之决定的法官与行政官员、代理当事人的律师、为企业起草合同的法律人这边来说，抑或是**拟制的**、但带有规范性的适用诉求的，即从大学和其他法律生活中的教义法学家这边来说。

法律史学和**法社会学**——即除法哲学之外的其他两门所谓法学基础学科——与法教义学不同，涉及的并不主要是一种**内部的**适用视角，而是一种关于现行法的**外部**视角。法律史学研究**历史上的法**及其顺序。法社会学分析**法与社会的关系**。

相反，**法哲学**不限于从一种涉及具体的历史或社会现象的外部视角对法进行描述，而是力求一种关于法及其一切关联的**广泛的、外在和内在方面**相联结的视角。

3. 法哲学的组成：法理论与法伦理学

哲学通常可以被分为**理论哲学**与**实践哲学**。理论哲学研究最抽象的逻辑、本体论、认识论和语言的事实及世界的关联。实践哲学追问的是对我们的行动、我们的价值与规范的描述，但首先是对它们的评价、施加义务和证成。相应地，法哲学可以被分为**法理论**与**法伦理学**，有时还有被称为法哲学之第三子学科的**法哲学史**。但它同样内含于法理论和法伦理学这两个领域，因为无论是理论哲学还是实践哲学都无疑有超过两千五百年的历史，这与事实问题同样是相关的。

法理论描述和分析处于与世界上其他现象联系之中的法的基本结构，它包含法概念问题在内的概念铸造，包含法源学说在内的知识获取，法的语言运用、规范逻辑、默示行动理论以及体系构造与制度构造，法学的科学性和法的理论哲学史。哲学相邻学科及其具体学科的补充物在此发挥着作用，例如政治哲学和政治学、语言哲学和语言学、逻辑学和数学、行动理论和裁判心理学。

法理论说明法律制定和法律适用的工具，例如法律规范的逻辑与语言功能。它首先在**法政策学**，其次在**法学方法论**（也即是对司法判决、行政决定中法律适用的方法反思），最后在**比较法学**中找到其与现行法的关联性。

法伦理学形成法与**目标**和**价值**（如**正义**）之间的关系。它对法进行**证成**或**批评**。或者换一种表述：它追问的是**正确法**。就此而言，它不仅像法教义学那样涉及对内含于法的评价的分析，以及法律规范的体系融贯性与合目的性，同样也涉及法的**伦理学标准**，它不限于实在法规整。

法伦理学与法政策学、法学方法论与比较法学之间也有关联。法伦理学的结论可以此方式与实践直接相关。当下的例子是这样一些问题：堕胎和安乐死应否应当被允许？医生是否可以或应当维系一位怀孕但已脑死亡的妇女的生命，以便其孩子能够出生（艾尔朗儿婴儿案）？国家能否以刑讯相威胁，乃至运用刑讯，来挽救人质的生命（法兰克福的达施纳或雅各布·冯·梅茨纳案）？一架被恐怖分子劫持的飞机是否能被联邦国防军击落（《航空安全法》的一条允许规范的可容许性）？对男孩施加割礼的行为是否可罚或应当被处以刑罚（科隆地方法院的案件）？人的尊严何在？它是否能被权衡？等等。

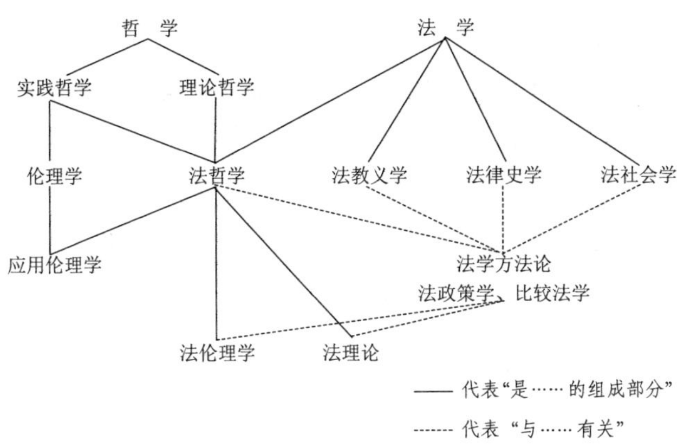

尽管如此，将关于法的哲学视角以合乎目的理性的学科方式划分为法理论和法伦理学，马上就产生了它们之间联系的问题，因为哲学的认知视角——就像已经表明的那样——是十分广泛的。法哲学的一个根本性的联系问题在于：**法以及一般性的，**

即哲学性的法概念必然包含善、正义或正确的要素么？换言之：善的、正义的或正确的法究竟在事实上和概念上是不是法？或者，它不只是涉及不法、权力或暴力？后一个命题的代表是所谓的**自然法**（ius naturae 或 ius naturalis），它在两千五百多年的法哲学历史进程中以许多的变种出现。据此，法来自于“自然”，即必然与某种正义或伦理学的标准相联系，无论是在事实上还是在概念上。否认法与正义或伦理学的这种自然的或必然的联系的，是**法律实证主义**。

本书将首先在第二章中来阐述**法理论**，继而在第三章中来阐述**法伦理学**，至于上面提及的联系问题，即究竟是否只有正义的法才是法，将在第二章法理论的最后来处理。在后文中几乎完全排除掉了对神法或超验的宗教法的讨论，因为这以宗教假设为前提，而对它的讨论更多是神学的任务了。

II. 法理论：法是什么？

人法不属于**自然现象**，而是一种**社会现象**或者说**社会事实**。但这种一上来就将法确定为社会现象或社会事实的做法并不是特别能说明问题。因为社会现象的概念是十分抽象的。有大量的社会事实，如道德、政策、宗教、惯习、社会公众、劳动市场、人口增长等等。法如何与这些其他社会事实或现象相区分？

1. 作为人类行动的法

第一个根本性的步骤在于看到，人法必然是一种**广义上的人类行动或人类产物**的形式。从两方面看，法属于人类行动或人类产物：作为一种普遍现象，以及以其所有的具体表现。法官的裁判是一种行动。行政官员的行政行为是一种人类行动。议会的立法完成了一项集体人类行动。

假如法必然属于人类行动，那么在理解它时就必须将人类行动作为必要属性。人类行动至少包括两个必要属性：**目标**（即**意图**）和（为实现这一作为**目的**的目标所需的十分宽泛意义上的）**手段**。这适用于所有的行动。它也适用于那些特殊情形，也就是当目标和手段在实践上合一时，例如当某人只怀着看的目标去看，或怀着跑步的目标去跑步时。

每个行动都必然具有目标，它的一个例子是：当某人举手时，这可能是打招呼，可能是表示同意某个契约，可能是体操训练，可能是要求发言，或者是另一类型的行动。只有当假定不同的目标并通过考虑处境来进行调查，例如去追问行动者他的目标或分析情境时，所有这些外表看起来相同的举手动作才能得以区分。在大街上举手常常是打招呼，在拍卖会上举手是出价，在运动馆中举手是体操训练，在会议上举手是要求发言。此外，例如打招呼这一目标可以通过不同的外部动作来实现，如挥动胳膊、握住他人的手、说“早上好”、对他人微笑等。类似地，对某个契约的同意也可以用完全不同的手段来表示：口头的、书面的、通过姿势、信件、传真、电子邮件、进行公证等。

在讨论法的特定目标和手段之前，让我们来看一看另一种刻画法的努力。绝非鲜见的一种建议是——它主要是由法社会学家或法社会学导向的理论家提出的——将法刻画为**秩序、体系、制度或组织**。如何评价这些建议？

首先，“秩序”这一表述，或者作为外来等值词的“体系”，作为日常生活中十分宽泛的称呼，所指的不外乎是**各种各样的要素和关系**。在这种特别抽象的意义上，法肯定是一种**秩序**或一个**体系**。但风和云在这种各种各样的要素和关系的意义上同样构成了一种秩序或一个体系。用这种十分一般化的标记根本无法来把握人法作为人类行动的特殊之处。相反，所有更为特殊的，尤其是社会学的“体系”观念——它将法标记为社会的特定组成部分——尽管对于一种对法的有限社会学理解而言是有益的，但它不当地窄化了关于法的广泛哲学视角，因为它遗忘了法的伦理学、人类学、历史和行动理论的维度。

其次，“人类行动”是对常态生活的一种表述。它同样可以在特定社会和科学理论之外被使用。它对应于日常世界的一种自然概念。每个有洞察力的人基本上都理解人类行动是什么，例如它不同于纯粹的条件反射，或者事件或自然事件。相反，来自于刚才所讨论的日常用法意义上的制度、组织或体系/秩序的概念是人为的和理论的，尤其是社会学的概念。对于一种哲学性理解而言，用如此模糊、具有人为色彩、多少有些纯理论性的概念，如狭义上的制度、组织或秩序/体系的概念，来说明一种相对抽象但却与事实相关的概念，如法的概念，无论如何是成问题的——至少如果人们从关于法的宽泛的哲学视角，而不仅是从有限的社会学视角去追寻法与社会的关系的话。

再次，如狭义上的体系和制度这些社会学概念经常——即使可能并非总是如此——被理解为对社会现象的描述，它并没有展示出目标取向的人类行动的结果。因此，如果将法定义为这种意义上的体系或制度，那么（无论如何在这个概念的一种可能和经常的理解中）就会陷入这样的危险：没有把握住它的决定性的方面，即人类行动及其目标和手段的必要条件的维度。从社会学视角出发，法有没有特定目标或许是不重要的。这样一种社会学的视角可能会限于法的因果联系以及/或社会功能。对于通过一种一般的或纯粹的法学说来对法这种抽象规整进行孤立描述的做法而言，法的特定目标同样是不重要的。这种考察满足于展示出法的手段，即其规范、规则和原则。但对于法的哲学研究而言，这种因果联系、社会功能以及具体手段的视角还原是不可能的，假如我们不想放弃法哲学，或将它变成一种法社会学或者一般法学说或纯粹法学说的话。

法作为一种广义上的人类行动必然具有目标，但从这一事实仍不可推出，法的所有具体行动必然追求一种**同等的，或至少是类似的特定**目标，即可以将在所有的法律制定中同等的或至少是类似的特定目标视为法概念的必要特征。如何来证立这个进一步的假定？一个可能的回答是：只有当概念使得区分成为可能时，它作为认识世界的工具才是有用的。如果想要将一种特殊形式之人类行动的概念，如法律创制以及这种法律创制所预先规定或至少可预见到的结果，即法与一般人类行动的概念区分开来，那么就必须要有一种**特定目标**。仅仅将手段作为区分的基础是不可能的，因为可以使用同样的手段来达成不同的目标。例如，评价与义务不仅在法中作为手段被使用，而且也在道德、宗教、政策、技术、医学、非道德的惯习领域等作为手段被使用。

所有具体法律制定行为都拥有相同的一般性目标的假定并不意味着，它涉及所有法律制定者的共同目标，就像一个企业或一个宗教团体那样。议员个人、法官个人和行政官员个人在进行法律创制时追寻相同的特殊的法律目标，但所有的议员、法官和行政官员并不是一起这么做的，因为他们缺乏这样一种追寻共同目标的认知和意愿。

此外，所有具体法律行为都拥有一种相同的特定目标，这一假定并不排除，各个法律制定者有可能在从事其法律行动时会追寻**额外的、非特定的主观目标**。例如，议员个人可能也想要满足其选民的要求，法官个人想要有效完成其工作量，而行政官员个人想显得亲民。

对于某些人类行动而言，为使它与其他行动区分开来，特定的目标不仅是必要的，甚至是**充分的**。例如，制造一把椅子的行为完全可以通过椅子所服务的特定目标来定义，即借由一个人工制造物使得一个也仅是一个人可以坐下。这一目标可以充分地用来将某个据此目标来制造的对象定义为椅子。椅子的形式和材料对于确定概念来说是不重要的。椅子可以有三条、四条或五条腿。它可以用木、铁、石或塑料来制造。

作为人类行动的一种形式，法同样拥有每个具体行动和作为整体的共同体实践都有的这种特定的也即同时是必要的和充分的目标吗？显然并非如此，因为道德、政策、惯习等都像法一样追寻一种调和利益和冲突的类似目标（在下文 II.7、8 中将说明这一点）。这意味着：法的特定目标对于其概念确定而言

尽管是必要的，但却不是充分的。也即是说，目标并不足以将法与其他具有可比较之目标的社会事实，如道德或政策区分开来。因此，为了澄清其概念，同样有必要虑及法的必要和特定的**手段**。因而给法下定义是困难的——康德早就挖苦过这种困难，他写道："法律人还在苦苦追求对他们的法概念下一种定义。"（《纯粹理性批判》，第 479 页）

因而对于人法而言，对"法是什么"这一问题的第一个回答是：法是**最宽泛意义上的人类行动**。此外只能借助于其特定**目标**和特定**手段**来理解它。如果试图将对法的理解要么限于目标，要么限于手段，就剥夺了将法与其他社会现象区分开来的可能性。对法如此这般窄化了的视角不能向我们提供广泛的哲学视角，而至多只是有助于认识法的部分视角。

在法哲学史中，关于法的目标和手段之意义的观点曾发生过戏剧性的转变。为了获得有关法的恰当理解，有必要来弄清楚这种转变。

2. 法的目标：善、正义、公共福祉

从古代西方法哲学的开端开始，法就因其特定的**目标**与其他社会现象相区别。相反，实现这一目

标的**手段**则一直到近代为止都只扮演着相对次要的角色。

在柏拉图看来，无论是最高的个人生活目标还是法的和政治的最高目标都在于**善**。**正义**是它的一部分。他将它确定为相对于其他人的善（柏拉图：《理想国》，327aI ff.）。他将两种目标都理解为永恒不朽、超越经验的**形式**或**理念**，一切人类行动要成为善或正义的话，都必须取向于它们。因而柏拉图认为正义具有双重角色。从小的方面讲它是个人的才能与美德，从大的方面讲，它是政治共同体的**结构原则**，因而也是所有法律规整的原则。作为个人才能，正义包含了强壮、勇气和聪明这些美德。作为政治共同体的结构原则，它首先确定的是每个个体对于这一共同体的**贡献**。柏拉图正义的核心原则是这样一种各自贡献的正义，即：**各尽其责**（433a ff.: τά αύύτοIϋ πράττειω）。这意味着：**每个人都应当根据自身的能力为政治共同体做贡献，而不是做一切事情**。例如，农民应当生产粮食，木匠应当造船，商人应当销售货物。行政和政治应当掌握在一群受过特别良好教育的官员（守卫者）手里，位居其顶端的当是**受过科学和哲学训练**的统治者（通常被简要地译成“哲学王”）。柏拉图将法与政治托付给了专家统治的最后一个层级，它在经过很长一段严格的、最终阶段为科学-哲学的训练过程之后，使得善与正义为政治共同体以及每个城邦的居民所知。

但在其关于正义之讨论的边缘处，柏拉图已然提到，**没有人能获得其职分**（443e f.）。此外，每个人都应当在正义的框架内**拥有职分**。但在这里，柏拉图只说了这两个模糊的句子。他并没有更深入地来处理国家分配的正义，即分配正义的问题。他也没有在两种类型的正义，即贡献正义与分配正义之间建立起联系，也即是并不要求，公民必然主张共同体要根据其对于这个政治共同体的贡献来进行相应的成果分配。尽管如此，但在其具有强烈适用导向的晚期对话《法律篇》中，柏拉图强调了**制定法**作为政治共同体之一般规则的必要性。

亚里士多德没有放弃将善作为政治和法的最高目标。但他对此的解释与柏拉图有所不同。亚里士多德在作为最高行动目标的善或价值与正义之间插入了“**幸福**”（*eudaimonia*），它从字面上讲就是“拥有一个善的灵魂/魔鬼”（《尼可马可伦理学》I2，1095a）。这个希腊词汇经常——尽管有所限制——被翻译为“Glückseligkeit”（德语的“幸福”或“福佑”）、“Glück”（德语的“幸运”、“运气”）。在亚里士多德看来，所有人都追求这种**幸福**。但它的含义究竟是什么？在亚里士多德看来，人的**幸福**在于合乎其特殊理性才能的灵魂活动（I6，1098 I8f.）。这里的一个本质性才能或美德就是相对于他人或在共同体中的善行：**正义**（Ⅵff.，Ⅱ29a ff.）。亚里士多德区分了伦理上顾及或对待他人的宽泛、**一般**意义上的正义与更特定的具有平等之目标的**特殊**正义（V5，II 30b 6 ff.）。宽泛的、一般意义上的正义可以涉及所有可能的美德和行动，而作为平等的正义只限于**财物与地位的分配**。“平等”在这里并不意味着绝对平等，而只意味着依据某个正义标准进行合乎比例的分配。亚里士多德在某处也说过“各得其所”（V8，Ⅱ33 b 3：έχωσι τά αύτών），也即以其补充性的表述抓住了柏拉图的正义原则（《修辞学》，I 366b9 ff.）。至于政治和法，亚里士多德进一步提到了**共同体**或**公共福祉**的目标（《政治学》，I328a3 6）。

在古罗马，西塞罗（Cicero）同样将正义称为法的目标（《法律篇》，I29）。此外，相比于亚里士多德，**公共福祉**更强烈地成为政治共同体的目标（《国家篇》，Ⅱ，5，25）。继而，奥古斯丁（Augustinus）曾以如下著名的自然法问题来装扮作为法之目标的正义的必要性：“如果没有正义，国家与匪帮有何区别？”（《上帝之城》，IV4）而《民法大全》——罗马法的汇编，于公元533年为东罗马皇帝优士丁尼（Iustinian）所颁布，西方影响力最大的法律书——在其第一部分，即所谓《法学阶梯》中，就以对正义的定义为开端："正义是分给每个人以其权利的不懈的、永恒的意志。"故而柏拉图和亚里士多德关于正义的核心界定（"各尽其责"、"各得其所"）被规定在了西方最具有影响力的法律汇编之中。

接着在中世纪，托马斯·冯·阿奎那（Thomas von Aquin）将制定法或广义上的法（lex）定义为"照料共同体之人为了**公共福祉**所颁发和公布的一种理性秩序"（《神学大全》，II-I，qu. 90）。据此，目标在于**公共福祉**，手段在于秩序和公布。但托马斯随后也将**正义**称为实在法更具体的目标（《神学大全》，II-II，qu. 57ff.）。

这一勾勒式的概览可以被总结为：对于古代和中世纪的法哲学而言，善、正义和公共福祉以不同程度的强调和结合成为法的必要目标，因而也成为法的本质性规定。相反，手段至多只扮演一种次要的角色。

3. 近代：要求较低的法的目标

从16世纪和17世纪开始，基督教世界图景的确定性开始逐渐消退。与此相应，法的假定目标也削弱了：善、正义、幸运和公共福祉不再被许多学者视为法和政治的主要目标。相反，不那么宽泛，因而要求也不那么高的法的目标以及法的手段则越来越具有意义。

马基雅维利（Machiavelli）在16世纪初就在其著作《君主论》（完成于1513年，初版于1532年）中使得所有其他政治和法律目标都服从于**维系政治共同体**的目标，也即**国家利益至上原则**（《王侯论》，XVIII，第96页以下）。随之，托马斯·霍布斯（Thomas Hobbes）在1651年提议采纳一种已大大化约了的，但毕竟尚属特殊和统一的政治和法律目标：确保国民的**自我保存**（《利维坦》，第17章，I，第131页）。但他在确定制定法或法时，就已将**命令**这一手段置于中心了（《利维坦》，第26章，I，第131页）。然而，作为**自然法**的主要代表，萨缪尔·普芬道夫（Samuel Pufendorf）于1672年重新遵循柏拉图和亚里士多德的传统将善、正义和公共福祉作为法的目标（《自然法与国际法》八卷本，I，VII，§3，第87页及以下）。约翰·洛克（John Locke）在1690年假定政治和法的特殊目标在于**保存财产**——这是从广义上加以理解的，包括人的生命与自由，而不只是物质利益［洛克：《政府论》(下册)，§3，第6、7、123、124页］。

继而到了18世纪，在大多数思想家那里，**自由**这一个人主义与启蒙主义的目标被置于前台。查理-

路易·德·孟德斯鸠（Charles-Louis de Montesquieu）早就在其1748年的著作《论法的精神》中，在列举了许多自然的与文化的因素外，将**自由**称为政治和法的唯一目标（第XI、XII卷，第211页及以下）。而让-雅克·卢梭（Jean-Jacques Rousseau）在其1762年的代表作《社会契约论，或国家法原理》中，以这句话来开始："人生而自由，但无往而不在枷锁之中。"（I 1，第8页）但于他而言，除了自由之外，**平等**同样是目标。在他著作的开始，他就宣告了正义与利益之间的联系。

约翰·戈特利布·费希特（Johann Gottlieb Fichte）在1796年将自由视为自我意识之合理性的首要条件。法服务于协调自由的诉求（《根据科学说原则的自然法权基础》，第9页及以下，第17页及以下）。而伊曼努尔·康德（Immanuel Kant）在1797年将法在有限的自由主义的意义上定义为"法是这样一些条件的总和，在这些条件下，一个人的任意能够按照普遍的自由法则与其他人的任意统一起来"（《道德形而上学》I，§B，第230页）。对于1821年的黑格尔（Hegel）而言，就如同康德和费希特一样，法的必要目标同样在于自由，但并非康德在自由主义的意义上所理解的那种外在的决定自由和行动自由，而是在一种客观和共同体的意义上理解的自由："法的土壤终归是**精神物**及其相近物和**意志**（它是**自由的**）的出发点，因而自由决定了它的实质以及使命，而法律体系也就是作为第二天性被实现之自由王国和从其自身生发出的精神世界。”（《法哲学原理》，§4，第46页）

继而到了18和19世纪末，英国功利主义学者杰里米·边沁（Jeremy Bentham）和约翰·斯图亚特·密尔（John Stuart Mill）仍然从一种特殊的法的目标出发，但却采取了一种化约为自然主义-享乐主义的形式：**利益的最大化**，这要被理解为个人快乐和痛苦之偶然境遇的累计最优化（边沁：《道德和立法原理导论》，第1章，I，第1页及以下、第13页；I，第170页及以下；密尔：《功利主义》）。但在其1859年的著作《论自由》中，密尔同样将自由宣告为政治的核心目标。

4. 19世纪与20世纪：假定目标的倍增

科学怀疑主义和实证主义的结果是19世纪和20世纪后半叶法的特殊目标的倍增，以及日益增长的否定态度。

在德国语言圈中，例如鲁道夫·冯·耶林（Rudolf v. Jhering）就通过手段来定义法，即将它定义为**一国现行强制规范的整体**（《法中的目的》，第320

页）。于他而言，规范和强制是法的决定性手段。但在别的地方，耶林也仍旧指明了一种法的目的，即便是一种十分相对且不那么特殊的目的：**保障社会生活的条件**（第 443 页）。在英国，约翰·奥斯丁（John Austin）在 1832 年完全从法律实证主义的角度来概括法，并在继霍布斯之后将它视为以制裁为后盾的命令（《法理学范围之限定》，第 12、21~37 页）。

继而，作为法律实证主义的其他主要代表，汉斯·凯尔森（Hans Kelsen）在其 1934 年或 1960 年（第二版）的《纯粹法学说》中不再提及法的必然特殊的目标，除了有一次提及一般化的目标“**规范行动**”。在其理论中，法的特性完全体现在其特殊的**手段**上：形成一种等级化和动态化的规范体系（它赋予各个下位规范以效力），以及强制的必然运用。

继而，哈特（H. L. A. Hart）在 1961 年同样只在手段，即一个由初级规则与次级规则组成的体系中看到了当代发达法的决定性观点，“法律体系的核心”（《法律的概念》，第 120 页）。像凯尔森一样，他只是**顺便**提及了法的一个非常一般化的、许多其他人类行动同样追寻的目标，即“**规制行动**”（第 327 页以下）。

但即使是“规范行动”或“规制行动”这些非常一般化的目标，也不再为所谓**斯堪的纳维亚法律**

现实主义的某些极端实证主义的代表所接受。对他们来说，法只被用于准机械式地影响行为（贝加拉：《斯堪的纳维亚现实主义》，第133页及以下）。故而就像一棵被刮倒的树会在纯事实上引起使用道路者选择另一条路线，法应当引起公民纯事实上被确定的行动。

但作为相对的运动，同样可以发现一种对于古代或近代之前法的目标的复兴：作为20世纪德语圈最重要的法哲学家，古斯塔夫·拉德布鲁赫（Gustav Radbruch）重新将**正义**视为法的必要目标或“理念”（《法哲学》，第34页及以下）。据其观点，一般意义上的正义包含三个子目标（第54页及以下、第73页及以下）：①形式平等这种狭义上的正义；②合目的性；③法的安定性。但正义的这种具体化是可疑的，因为一方面，合目的性十分抽象和一般化，只是重复了法的目的取向性这个一般属性，而另一方面，法的安定性是一个相对具体，尤其只是次要的暂时性目标，或者说相比于正义的主要目标来说毋宁是一种手段。

在二战以后，西德经历了10年以上的**自然法复兴运动**以及内容上要求较高的法的必要目标的回归，而东德的法哲学进一步被打上了马克思主义的烙印。但随之德国的讨论也变得多种多样了。但毕竟在20世纪末阿图尔·考夫曼（Arthur Kaufmann）仍遵循其师拉德布鲁赫，将正义假定为法的必要目标（考夫曼：《法哲学》，第135页及以下）。

在盎格鲁撒克逊的范围内，约翰·罗尔斯（John Rawls）于1971年在其著作《正义论》中再次将正义假定为政治和法的核心目标。为了建立正义的社会，在某种虚构的原初境况和“无知之幕”的背后，理性、理想类型的公民应当选择两个正义原则：①每个人对与其他人所拥有的最广泛的基本自由体系相容的类似自由体系都应有一种平等的权利；②社会的和经济的不平等应这样安排，（a）使它们在与正义的储存原则一致的情况下，适合于最少受惠者的最大利益（即所谓的最佳原则/差别原则），并且（b）依系于在机会公平平等的条件下职务和地位向所有人开放（《正义论》，第81页及以下）。在罗尔斯看来，正义的这两个原则应当以四个层次来实现：①原初境况中正义原则的确证；②制宪大会；③立法；④将制定法规则适用于个案（第223页及以下）。

此外，在盎格鲁撒克逊世界中，也有一些学者倡导自然法的回归。如约翰·菲尼斯（John Finnis）于1980年表述出了七个彼此独立的最高价值，人们可以将它们视为法的必要目标：生命、知识、游戏、美感经验、社交、实践理性、宗教（《自然法与自然权利》，第85页及以下）。

即使对于罗纳德·德沃金（Ronald Dworkin）而言，法的特殊目标重新又扮演了一定角色。首先他批判了哈特限于规则的做法，并区分了规则与原则。但这一区分主要是一种手段方面的区分，因为它只是点明了两类不同的规范，全有或全无的规范与待权衡的规范（《认真对待权利》，第21页及以下）。但通过原则，必然会有**道德目标**进入法之中。然而，德沃金在其早期著作中并没有识别出具体、特殊的法的目标。随后，他将**平等关怀**或**平等**的价值置于伦理学的中心，但只将这一价值概括为**政治**或**合法统治**的最高理想，而非法的必要目标（《至上的美德》，第1页）。随后在其著作《法律帝国》中，他在正义和公平之外引入了第三种特殊价值，或者说立法者和法律适用者的第三种特殊确信，即某个法秩序之法的宽泛整体之融贯性意义上的整全性（第166页以下、第176页及以下）。但他并没有主张，整全性这一价值或这种确信是所有法的必要目标。它更多是政治共同体、立法者和法律适用者**应当**接受的一种伦理“理想”。如果人们不仅将整全性视为良善与公正之法的伦理理想，而且视为法的必要目标的话，那么这一命题就无疑也可能要得到强化。作出如下这种假定是不合理的：所有文化和社会过去曾努力追求或现在在努力追求作为宽泛整体之融贯性的法的整全性，如果它不仅被理解为无矛盾性的话。

最后，是美国法哲学家朗·富勒（Lan Fuller）于 1964 年建议了一条中间道路，它位于实证主义放弃法的特殊目标的做法与非实证主义或自然法关于存在这样一种特殊目标的假定之间：他识别了法律制定时的八项形式错误，但对它们的避免毋宁具有手段的性质：缺乏规则构造（缺乏一般性）、未公布、误用溯及既往的立法、不可理解、矛盾、不可为人遵守、规则的公布与其实际遵守之间的矛盾（《法律的道德性》，第 39 页及以下）。

5. 法的手段 I：思维、语言、义务/规范、规则

即便是否认法具有更高目标的实证主义理论家，也不否认法具有一种一般性的目标：**指引人类行为**的目标，或者是**规范行为或规制行为**的目标（凯尔森、哈特），或至少是**影响行为**的目标（斯堪的纳维亚法律现实主义）。但为了实现指引行为的目标，思维和语言就是必要的。由此可知：法**必然使用思维和语言的手段**。

但一般而言，思维和语言不足以指引他人的行为。此外还需要**一种特定的思维和语言形式**，即义

务或**责任**的思维和语言形式。也即是说，为了指引他人的行为，法必然包含作为手段的义务或责任（并不需要所有的法条都是义务或责任）。对此，纯粹的评价并不够，因为它们并不一定是指引行为的。人们可以在评价某事的同时并不指涉一种他人的行为，如将一次日落称为绚丽的。

但什么是义务或责任？它们指明了三种必要的属性：①**必要性**；②**行动**；③以**意义（思维）**和/或**沟通**为媒介。故而法在其责任中包含着行动的必要性，**它以意义（思维）**和/或**沟通为媒介**。但必须强调的是，尚不能通过这种观点得出对法概念之进一步的特殊描述，因为即便是道德、惯习、政策、宗教、医学、操作指南等都包含这种意义上的责任。

在行动之必要性的维度上，规范的概念等义于义务或责任的概念。这导致的结果是：如果法必然运用义务或责任，那么它就同样包含**规范**，尽管只是这种行动之必要性维度意义上的规范。然而，规范的概念还包含着三个额外的**维度：事实的维度以及对合规律之描述的维度和积极评价的维度**（例如以形容词“通常的”来表达）。规范之事实规律性的这三个额外的维度可以是义务性之原因和结果。但它们对于法而言并非概念上必要的，因为它们是独立于规律性产生，并可以独立于规律性存在的。

由于规范，法显现出**规范性**的属性。规范与规范性这两个概念之间存在什么样的区别？**规范**以其**实现**，即其**现实性**为概念上必要的前提条件，而**规范性**则不然。故而规范性首先只是一种纯粹的**可能性**，一种**思维上的构造**，一种**理想**，也可以一直是这样。规范实现了规范性。相反，规范性为规范提供了可能。有许多概念对之间存在这种双重关系（它们各自蕴含着某事的现实性与可能性），例如道德与道德性、法与合法性、成就与可成就性、自由与自由性等等。人们当然可以通过添加相应额外的谓词或定语来反转各个概念蕴含式，如谈论一种“可能的规范”或“被实现了的规范性”。但添加额外的谓词或定语即可反转规范性与规范这对基本概念之现实地位与可能地位，这种必然性恰恰证实，区分**现实性**（即规范）与**可能性**（即规范性）是概念上的必然。

规范或义务可以**个别的/特殊的**或**一般性的**方式施加义务。这一区分具有双重意义，一种是**对人的**，一种是**对事的**。故而存在四种组合的可能：**在对人方面**，规范可以对某个个人施加义务，也可以对多个人施加义务。**在对事方面**，它们可以指涉某个具体情形或多个情形。假如责任或规范**在对人方面是个别的**，那么涉及的就是**个别规定**，假如它们**在对**

事方面是个别的，那么涉及的就是**个案规定**。如果两者合在一起，就可以称之为**狭义上的个别规定**。假如责任或规范在对人或/和对事方面是**一般的或普遍的**，那么涉及的就是**规则**。只有在第二种情形中，即当规范在对人**和**对事方面都是**一般的**时，规则才同时是**制定法**。实在法包含所有这四类规范或义务。司法判决和行政行为是例如个别规定或个案规定，或甚至是狭义上的个别规定。相反，法规、规章和议会制定的法律则是制定法。

即使没有任何法理论家否认，实在法既可以运用个别规范，也可以运用一般规范，事实上也同时运用了两者，从 18 世纪末开始，许多学者也开始越来越强调或突出一般规范，即规则或制定法的统治地位。康德早在 1797 年就已在 II. 3. 引用的法概念的定义中宣称法的可一般化是必要的。继而在 1832 年的约翰·奥斯丁看来，规则，也即是一般规范，构成了法的核心，乃至“法理学”这门法理论学科的主要对象（《法理学范围之限定》，第 31 页）。弗里德里希·卡尔·冯·萨维尼在 1840 年也强调了法的一般性［《当代罗马法体系》（第一卷），第 9 页以下］，在他看来，只有将特殊事实与某个一般规范相关联，关于个别法的判断才是可能的。而 H. L. A. 哈特在 1961 年宣称规则的概念是法的核心要素，因而也是法理论的核心对象（《法律的概念》，第34页及以下）。

一般性既是对现代法律体系之根本规范（如宪法、制定法）的社会学描述，也是对具体决定之可一般化的伦理学、政治学和法学方法的要求。但法的根本部分，像特定的契约、法院判决和共同体代表发布的具体命令（如君主的诏书或行政行为）都是特殊的，而非一般性的，但却是法。只是因为现代法在事实上将重点转移到一般规范，且因为有很好的伦理的、政治的、法学方法上的理由（法的安定性、平等对待、民主合法化等）以一般化的方式来塑造法的重要部分，就遗忘这个特殊的部分，这无法令人信服。

在原始法律秩序中，非常设的法官或调解人就利益冲突作出有拘束力的狭义上的个别规定，统治者作出有拘束力的个别决定，个别的契约被缔结。为什么这不能被视为法或低层次的法，并不清晰。故而法在双重意义上不必然是一般性的：它可以只由狭义上的个别规定组成，并且，如果存在一般规范它可以同时包含狭义上的个别规定。对于法的一般性或规则特性的特别强调与追求个别法律规范之高位阶的合法化有关，这在后一章中还将被论及。因此，从法哲学-理论的视角来看，一般性总体上不能被视为法的概念上必然的属性。它涉及的是对法的额外的法伦理和法政策要求。

就一般规范而言，重要的是在每种情形中区分出**规则与纯粹的规律性**（**规范的事实维度**）。假如某个群体接受了指引其行为的规则，那么这就要与纯粹的合乎规律的行为相区分。例如，假如这一群体的所有成员偶然在早晨的特定时间起床，那么这涉及的就只是一种事实上的规律性，它可以被如此描述，而非行动的必然性，即不产生责任。相反，如果这一群体的所有成员都在红灯前止步，因为他们相信有义务这么做，那么他们就是在遵守道路交通法的相关规定或规则。他们不仅在合乎规律地行动，而且在服从行动的一般性义务或必然性。

哈特曾试图借助于**内在观点**与**外在观点**的区分来澄清这一区别（《法律的概念》，S. 109ff.）：人们既可以作为负有义务之群体的成员，即从**内在**观点出发来考察法，也可以作为自身并不负有义务之规律性行为的观察者，即从**外在**观点出发来考察法。在此，哈特在外在观点的框架内进一步区分了对合乎规律之行动纯粹进行观察的严格的外在观点，如早晨同时起床，与温和的外在确认，它要顾及承担义务者的接受这一内在立场。在哈特看来，严格的外在观点完全忽略了社会行动的维度，因为对于承担义务者而言，如交通信号灯并不只是通常得到遵守的符号，而是要他们去遵守的符号，是一种义务。仅仅评估制裁之可能性的做法只反映出纯粹的观察者视角，它本身是不充足的，因为它忽视了内在方面。限于行动之纯粹规律性的外在观点隐匿了这一问题：规则作为规则是如何在社会大多数人的生活中起作用的。信号灯不只是止步这一后果性反应的**符号**，而是这一反应的**理由**。

因此，对将法的手段限于规律性这种纯粹外在观点的做法进行反驳，是令人信服的。但它只是重述出了纯粹事实性与超越它的义务这一深层的区分。它不仅适用于规则，也适用于个别规定，即简单的行动义务。因而它不外乎意味着承认**法必然具有义务性**，即其**对行动之必要性的意义性和/或沟通性媒介**。这种行动的必要性既可以从规律性中成长出来（如习惯法），也可以有意识或合乎意愿地通过法律制定被创制出来（如制定法）。

6. 法的手段 II：命令/强制、规范的等级结构、规则的双阶性、原则

不承认法的经典内容性目标（正义、公共福祉、自我保存、自由等）为其必要属性的理论家，必然要以别的方式来澄清法的特性。为此，他们提出了

特定的手段（作为法的特性），主要包括：命令/强制、规范的等级结构、规则的双阶性、原则。

（1）在英语传统中，有人主张将**基于制裁的命令**，在德语传统中，有人主张将**强制**，作为法的必要要素。

假如从狭义上来理解强制，那么这两种建议涉及的就只是关于同一种手段的不同视角而已，即依据人们采取的是**发出者**抑或是**接收者**的视角，因为基于制裁的命令会对其受众产生强制。

在英语传统中，17 世纪的霍布斯与 19 世纪的奥斯丁都将命令（在基于制裁之规定的意义上来理解）视为法的必要手段（即所谓的命令说）（《利维坦》，第 203 页；《法理学范围之限定》，第 10 页及以下）。在这里奥斯丁完全觉察到了在法中同样也有不附制裁的规范，但却认为它们是一种边缘性现象（第 31 页及以下）。

继而哈特指明，法的核心由基于制裁的命令或规定组成，这一观点过于狭隘（《法律的概念》，第 40 页及以下）；从内容上看，首先，例如私法规则——它们确定，有效的合同或婚姻如何缔结，或者遗嘱如何起草——并不包含基于制裁的规定。它们通过赋予个体特定的法律权力，向他们开放出实现其愿望的多种可能性。对于授予下位权威以立法权的制定法而言，情形也是类似的。这同样不是命令，而像私法上的权能那样只是确定了与规则相一致的条件，好比是对国际象棋游戏中各种可能招数的描述。假如某个授权规范的前提条件未被满足，那么此时没有任何义务被违反，而只是出现了规范可撤销或无效的结果。但这种可撤销性或无效与制裁并不等同。

在这一情境中，哈特同样反驳了凯尔森的观点，即法律规范只具有让官员或法官施加制裁的目标。如果并非不接受上述区分，也不忽视法作为社会控制之手段的特殊性，那么就不能假定这一观点。刑罚不等同于课税。前者要求犯罪和违法行为，而后者则不然。

其次，法的可能性要比命令说所假定的宽泛得多。依据后者的观点，基于制裁的法律命令总是取向于外部人群。但实情并非如此。现代立法毋宁同样也拘束着立法者或立法机关的成员本身。

再次，也是最后，命令说并未对习惯法予以说明，但后者同样也被认为是法。有人认为，习惯法通过议会、法院或行政机关的默示认可而获得其效力（所谓“容许说”），针对这一假定可以指出，我们无法假定在现代国家中这些法律制定机关拥有相应的知识、反思和决定。只有在极其罕见的情况下议会才会处理习惯法问题。尽管在许多国家，习惯法可以通过制定法被修正，但不能由此推知容许。

在德语传统中，法由基于制裁的规定组成这一观点主要借助于**强制的概念**，即从对于受众之效果的视角出发得到表述。据此，法必然与强制相关（参见耶林，前文 II.4；马克斯·韦伯：《经济与社会》，§6，第 17 页；凯尔森：《纯粹法学说》，第 34 页）。

为了对“强制是法的必要组成部分”这一建议进行评判，有必要对“强制”这一表述进行更精确的确定。如果远远逾越日常语言用法，像康德那样将“强制”解释为“对自由的各种阻碍或阻力”（《道德形而上学》I，第 231 页），或者像鲁道夫·斯塔姆勒那样解释为“将某种意志内容独断式地插入针对另一种意愿的手段序列之中”（《法学理论》，第 98 页），那么每种通过规范不满足他人之意志的情形都可能是强制，因为它迫使相关者面对一种命令，从而也要面对自由的限制。在这一意义上，每种行动义务都会产生强制，从而法可能就无足轻重地与强制联系在一起，因为它必然包含着这种义务。

相反，韦伯和凯尔森与一般语言用法相一致，在狭义上理解强制的概念。他们将它限于**将一种心理或物理的制裁运用于或预测不遵守某个义务的情形**。只有在这种狭隘的意义上，强制论才等同于霍布斯和奥斯丁的命令论。而哈特提出的上述三个论据就是用来反对它的。这意味着：并非所有的主要法律规范都必然拥有强制的性质，甚至连主要的法律规范都不具有强制的性质。

但难道至少这样一个更弱的命题——每个法律体系作为整体在其具体的规范中至少**同样**显示出强制义务——也无法成立么？一个共同体无需通过心理或物理的制裁在事实上实施其法律规则，这尽管可能性不大，且需要以具有公益精神和爱好和平的人为前提，但它并非是概念上不可能的。只有人类弱点和自利的偶然事实才要求制裁措施，因而也要求强制实施法律规范。据此，强制是法的一种可能的和现实的维度，但并非概念上的必然。

（2）凯尔森假定，法必然呈现出一种**阶层构造**，即**规范的等级结构**。

这一十分广泛的假定（法是一种规范的阶层构造）的出发点在于凯尔森的根本性前提预设，即**实然与应然**的严格**二元论**（《纯粹法学说》，第5页及以下）：据此，事实或事实判断的领域与评价和义务的领域应当**不可弥合地相分离**。在凯尔森看来，实然与应然的区分不可再作进一步的分析和说明。它**直接呈现**于我们的意识之中。

在凯尔森看来，法律规范并非事实或事实判断，也即不是实然，而属于应然的领域。因而产生的根本问题在于，我们如何从具体法律制定者和法律适用者之**主观意愿**这种事实或实然出发，获得这一**应然**的法律规范，凯尔森将后者视为是**客观的**。根据凯尔森的观点，这就必然需要另一个应然，即作为**说明图式**的另一个上位规范（第3页及以下）。只有借助于这作为说明图式的另一个上位规范，某个事实，即某个实然，才能被赋予规范的特殊存在方式。规范的这种特殊存在方式就是**效力**。根据凯尔森的观点，通过观察经验事实，如某个议会中的表决行为，并通过虑及特定规范如宪法规范，我们就能获得这样的认识：某个经验事实作为规范生效。但我们无法仅仅通过观察事实来获得关于规范之效力的这样一种结论。一个赋予下位规范以客观应然属性以及效力的上位规范总是必要的。

凯尔森举了两人之间通信的例子（第2页）。写下话语、交换信件是一种自然法则所确定的过程，即一种事实或实然。通信之人将某种主观意义与这一过程或这一实然相联系。例如他们想要发出或接受一个买卖要约。只有法才能赋予这个一方面是经验性的，另一方面是主观性的过程以一种客观意义，一种应然。它将这一过程解释为具有法律效力的契约。在此情形中，法将这一行为的主观意义确定为法律意义，即客观意义，从而确定为应然。

在凯尔森看来，以此方式在法中就必然会形成一种行为的等级结构，这些行为通过其他行为，即通过规范，获得一种与法律上相关的客观意义，因而获得应然的属性。最终人们将达到宪法，它赋予立法行为以客观意义。为了将宪法也阐释为规范被说明之客观意义，从而阐释为应然，凯尔森引入了另一个最高的规范：**基础规范**。基础规范**并非被实证性地制定**的规范，而只是一个为法学和法学思维所**预设的**规范，只有它才可能将法律制定者的事实意愿一般性地说明为法。依循康德、凯尔森的观点，将基础规范称为一种“先验逻辑条件”（第 205 页），即法学思维成为可能的条件。康德曾将独立于经验的时空观念以及知性的概念（范畴）假定为使得经验成为可能的条件。后来凯尔森弱化了基础规范的先验性，而只是将它更多地刻画为假设，甚至虚构之物。

凯尔森进一步区分了**动态**体系与**静态**体系。在**静态体系**中，规范有效是因为它可以在内容上回溯至一个更高的规范。它的内容可以从这个更高规范中推导出来。在**动态体系**中，规范的效力与其内容无关，它有效是因为它获得了更高位阶之规范的形式授权，如制定法授权颁布一个法规，法规授权颁布一个行政行为等等。据其观点，法是一种**动态**体系，这可以降低法的恒常变动的难度，因为这样一来，并非某个层面上的每种内容变动都必须引起所有层面上的内容变动。

如何来评价凯尔森的法的阶层构造命题以及作为其顶点的基础规范（参见冯·德尔·普佛尔滕：《法伦理学》，第155页及以下）？借此，一种主观上的意思表示将变成义务或义务性规范，语言共同体借助于语言惯习将其理解为义务性的。借助于这种作为说明图式的语言惯习，我们可以区分义务与描述。例如，假如议会全体成员都投赞成票，那么他们就实施了一种共同体中具有义务性的言语行为，因为他们指涉了特定的语言规则，后者赋予这一行动以义务性的意义。凯尔森曾在其观点的早期阶段将所谓的言语行为理论的基本问题作为主题：事实行为如何能获得语言意义。但他为了解决这一问题，错误地认为通过另一个法律规范来说明（事实行为之客观意义）是必要的。因为为了产生一种一般性可理解的语言应然，**语言**惯习就足矣，为此无需其他**法律**规范。

正如关门的指令无需高位阶（法律）规范，而只需一种语言惯习就可以被理解为义务性的表述，议会行为同样无需其他法律规范就可以被解释为义务。当然，法律规范也可以**额外**承担起语言惯习的功能。如议会成员的表述可以通过其他法律规范被解释为制定法。但正如凯尔森所认为的，通过其他法律规范对意志行为进行规范性解释只是**一种**可能，而非**唯一的**可能。

凯尔森或许会承认这种语言惯习的关联性，但他会这样反对道：以此方式恰恰只会产生一种**主观意义**，一种**主观应然**，而非一种**客观应然**，因而也产生不了法。即便这一反对意见可能表述得并不充分——因为以语言惯习为媒介的规范性并非仅是"主观的"，而要被解释为是**主体间的**，就此而言它看起来也是合理的：借助于语言惯习，事实上的确无法产生任何"客观应然"。但借助于语言惯习形成的主体间性是通过其他表述或规范所能达成的最终可能。凯尔森所选择的问题表述，即"实然"与"应然"这两个相互独立之"存在域"或思维图式的二元论，本身就是存疑的。意志行为、语言惯习和语言理解是独特现实性的诸形式，但它无法被还原为一种纯粹的因果说明，而是包含着有意义，因而是义务性的语言行为。因而与"应然"或"规范性"（作为一种指引行动的言语行为形式）相对的概念，并非"实然"或"事实性"，而是"描述"或"描述性"。规范性或应然必须与其他类型的语言表述，如评价或描述相界分（冯·德尔·普佛尔滕：《描述、评价、规定》，第 398 页及以下）。

一个高位阶的法律规范尽管能够将某个主观意志行为解释为义务性的法律规范，但并不因此就与“客观性”转换相联系，因为高位阶的法律规范不再能转化其本身所拥有的东西。因而规范客观性最终起源于最高的基础规范。但不清楚的是，一种纯粹的前提预设或虚构如何能产生“客观性”。

某个规范相对于法律体系的成员资格可以——这一点应当归功于凯尔森——借由其他法律规范在法律上得到确立。但凯尔森更进一步的命题，即**只有**通过法律规范才能实现安置（指将某个规范安置于法律体系之中——译者注）并由此**必然**涉及**高位阶的**法律规范，并不令人信服。例如，在颁布法律时，除了基本法第76条及以下条文，《联邦选举法》和《联邦议会议事条例》作为**同位阶或下位阶的**规范也发挥着决定性的作用。此外，联合成为议会之人，甚至一位王侯可以独立宣告对一项法律作出决定。凯尔森显然代表这样的观点：这样一种自我说明从不足以产生法，或将某个行动安置进法律体系之中，因而总是需要补充。但这值得怀疑。基于法治国和民主的理由，或许通过法律授权使得每种法律创制行为都合法化是值得追求的。但这一法政策上的要求不能被塑造为规范逻辑上的必然性。否则，非立宪君主以及其他个人统治者的规范就可能因为缺乏法律授权而不被视为法。而革命政府又如何能产生法呢？它们所颁布的第一部制定法，只有在有立法权之人或团体的一种宣言性的自我说明框架内才能成为法。如，法国国民议会在 1789 年就已经制定了法，因为各个主要阶级自身宣告为有立法权的国民议会。尽管如此，某个人或团体自我说明为有立宪权或立法权，这自然还需得到其余民众事实上的承认。要承认的是，一部宪法**可以在事实上建立起来**，只有与这部宪法相一致之方式颁布的规范才能成为法律体系的组成部分，有许多伦理上和政治上的理由来支持那种事实上的建立行为。但这绝对不是法概念上的必然性，而是某个法律秩序之可变更的实在法规定。

凯尔森的命题，即通过高位阶法律规范赋予低位阶法律规范以客观性，同时蕴含着对后者的**证成**。但在此要区分对法律规范的一种通过其他法律规范来进行的纯粹的**法内**证成，以及通过法外评价或规范来进行的一种**法外**证成。凯尔森拒绝了对法的**法外**证成，因而据其观点只存在法内证成，它最终是由基础规范来供给的。

首先，几乎无争议的是，一个法律规范的确可以通过另一个法律规范来获得法律意义上的证成。但不清楚的是，为什么这种通过其他法律规范来进行的**法内**证成应当是“客观的”。就像低位阶规范那样，高位阶的、起到证成作用的规范涉及的——凯尔森本人也觉察到了这一点（第5页）——也只是一种意在取向于他人行动的人类行为。这种人类行为如何将主观意愿转变为客观应然？这只能通过法内的正当化来确保。

故而在法官判决的背后，大约——以等级为媒介——以层层递进的方式存在着整个规范等级构造，并以此方式存在着整个法律秩序。但由此表达出的不外乎是，具体行为要参照法律体系的其他规范才是合法的和法定的。以此方式无法获得**客观**正确性。通过其他规范来证实某个规范的形式效力，这个规范并不会由此就变得“更客观”，它也无法被提升至另一种现实性的层面。

通过更高位阶的规范来证成某个规范的做法就像是这样一种情形：两个小孩子吵架，一个孩子叫他的哥哥来支持自己的想法。这个想法在其家庭内部的融贯性（这里所谓“家庭内部的融贯性”是指该想法获得家庭成员普遍认可——译者注）可以此变高。但通过哥哥的确认并没有获得一种“客观的”正确性，如果“客观性”的含义要比“通过进一步的意志表达来确认”更多的话。看起来处于劣势的孩子可以像质疑一开始的想法那样，去质疑哥哥所支持的想法。

因而人们可以通过来自同一法律体系之其他法律规范的授权来提升某个法律规范的法内正当性以及融贯性。但总的来说，这类成员众多的法律体系所拥有的内在合法性并不比单个法律规范来得多。从任意的主观性向客观性的“量子飞跃”无法借助于其他实在法律规范来实现。

但即便抛开迄今为止的考虑，承认客观正当性可以从一个规范向另一个规范进行法内的转移，依然还有无限递归的问题。凯尔森的基础规范命题在一种接近于康德理论哲学之先验知性概念的客观思维范畴与一种实践虚构——如果不需要对法律规范进行正当化，就同样可以抛弃它——之间游移不定。

在前一种选择的情形中，认知范畴的规范性就已然成问题了。一种理论上的认知必要性如何能产生实践应然呢？此外，凯尔森也未能成功地说明这种应然范畴的不可放弃性。最后，对它的假定将面对大量的形而上学批评。因而凯尔森只保留了他后来所采纳的第二种选择，即思维上的虚构。**只有想要**对法进行客观说明和证成的人，**才必须**预设基础规范。但不清楚的是，为什么这种假定接受就可以赋予基础规范以客观的正当化？为什么一种为实现客观效力所必需的思维假设就能事实上实现这种效力？这类似于这样一种论证，它宣告上帝的存在为接受道德所必须，继而在下一步中将上帝的现实存在视为已然得到证明。对此可以反对认为，普通法律规范与宪法的确是在颁布后存在的，即必须假定基础规范的存在。但法律规范与宪法恰恰只作为事实而存在。这种作为事实的存在并无法证明恰恰要去追问的东西：法律规范与宪法不仅作为事实而存在，而是可以用基础规范来证成其客观应然的属性。

此外，每种证成都至少要以未证成某个规范性规定，也即是批评和剥夺其正当性的可能性为前提。在法律体系内部，这一前提在凯尔森阶层构造论的框架内同样得到了满足，因为某个规范可以吻合或不吻合某个高位阶的效力规定。但如果基础规范是必然的思维预设，那么它就无法区分证成与未证成，从这一视角看就是无用的。

相对于凯尔森的还原论——它无法为法提供真正内容丰富的证成，并导向了法必然具有阶层构造以及基础规范这一有疑问的假定，值得优先考虑另一种关于法的正当性说明：除了通过其他法律规范进行法内的正当化（所谓的“合法性”）外，**每个具体的法律规范在某种意义上都可以找到法外的法伦理正当性，如果它在内容上和程序上导向一种合乎利益且能得到良好证立的冲突规整的话**。因而每部具体的法律、每部法规、每个判决和每个行政行为都将一些外在的法伦理正当性（或批评）作为恰当的解决办法吸收进法律秩序之中。将某个法律规范与另一个法律规范相衔接时，除了法内等级结构式的从上到下的证成外，同样也在进行这种法外的法伦理正当性（至少是部分的）转移，在此，通过内容衔接的转移力度自然要比纯粹的形式衔接来得大。法伦理正当性从一个法律规范向另一个法律规范的转移不同于法内的证成，它**并不完全是**从上到下的**演绎**过程，而是也包含着**准归纳**的要素。故而不仅某部获得良好证立之法律的法伦理正当性会向以它为基础的具体判决转移，而且恰当的具体判决也会反向给予这部法律以某种程度上的伦理正当性。这意味着：无论是从法内抑或是从法外的视角出发，都无必要去建构一种超越宪法的基础规范。法内的合法性可以止步于最高的宪法规范。而法外的证成并不集中于唯一最高的金字塔顶端，而是通过每个具体的裁判渗入整个法律体系之中，并在那里进行分配。

如果要运用一个隐喻的话，那么就正当性而言，法律体系就并非在基础规范这个唯一的针尖上保持平衡，而是像一只千足虫那般用它所有的脚站立着，这里的脚指的是其具体规范与裁判，它们每一个都拥有内容上和程序上更多一点的独有的法伦理正当性，并使得法律体系的其他规范获得正当性。此外，也只有如此才能说明，为什么在法律适用机关和人们的理解中，以自我为基础的宪法变革或革命并未在内容上和正当性上广泛地触及普通法律的许多规定。法的阶层构造和所有普通法律对于宪法的法律依赖性是现代政治学、伦理学和宪法本身的要求，而非每个法概念上绝对必要的属性。

（3）哈特曾认为，发达的法律秩序是一种由初级规则与次级规则组成的**双阶规则体系**。

只存在初级规则，也即是直接确定行为之规则的社会，仅仅是处于静止状态的小型社会。纯粹由初级规则构成的法具有如下缺陷（《法律的概念》，第112页及以下）：①**相对不确定性**：当有疑问时，没有权威性的制度来确定具体法律义务的内容；②**静止性**：没有任何机关和程序来使得初级规则适应于变迁了的关系；③**相对无效率性**：当法律义务被违背时，不存在组织和程序对违法行为进行有拘束力的确认并确定制裁措施。

在哈特看来，为了消除这些缺陷，法发展出了**三种次级规则：承认规则、变更规则与审判规则**。次级规则中的第一种，也是最重要的一种体现为某个法律体系的**承认规则**。它是识别这一法律体系之其他规则的必要手段，它作为最高的、实际存在的社会规则包含着确认初级规则之存在或有效性的标准。例如英国的承认规则说的是：女王通过议会颁布的就是法。**变更规则**是容许对初级规则进行调适和修改的规则，例如给予变更制定法之权限的规则。最后，**审判规则**是授权特定人在个案中对此做出权威决定的规则，即某个初级规则是否被违反了，例如法官法、法院组织法和刑法典中的规则，它们授权刑事法官对某人是否犯罪做出权威性的确认。

哈特关于法的初级规则与次级规则的观念与凯尔森的规范阶层构造论之间的区别，并不仅在于用规则的概念替代了规范的概念。哈特也没有从认识论上，因而从根本上区分实然与应然。故而次级规则并不承担这样的任务，即赋予初级规则以客观的规范性。它们只服务于上面提及的实用主义功能，即识别、变更与审判。因此就没有必要为了确保次级规则的应然，再去设置第三个层面和其他层面上的规则了。因而这里就不像在凯尔森的理论中那样存在无穷递归的问题，或者通过预设的基础规范来对此进行阻断的问题了。

尽管如此，次级规则的存在方式问题自然还是存在的。在哈特看来，次级规则，尤其是三类规则中最重要的承认规则，并非像在凯尔森的理论中那样涉及先验条件、假设或虚构，而是涉及一种**社会**

实践，更准确地说，涉及**承认这种社会事实**，主要是法律适用者即法官、官员的承认，但也包括私人的承认。对于这种承认的事实可以作经验社会学的调查（第133页）。

如何对哈特的初级规则与次级规则理论进行评判？首先要确认的是，在实践中，所有的现代法律秩序都已建立起具有哈特所认定的那些功能的多层次规范。就此而言，哈特的理论作为对现代法律秩序的社会学描述而言是正确的。但将现实中的法律体系展示为初级规则与次级规则是否就找到了法概念的必然特征了呢？就像前文已经说过的，哈特本人并未主张这一点。他承认，过去或现在存在着并未孕育出那种法律规则之双阶结构的原始社会。

例如我们可以想象出一个十分简单的部落社会，在其中没有任何体系性的义务的前提下，当出现观念上的差异时，其成员偶尔会请求其他没有预先指定的成员以正式的、类似于裁判的方式方法去作出一个居间性的决定。在其他情形中，这一社会的成员借助于一种绝对-形式性的一致意见来解决他们间的冲突，或者听从某个成员的形式义务。人们完全可以将这种简单的社会事实或人类行动视为法。但在这类情形中并不存在被普遍接受的承认规则来将这一现象识别为法。或者想一想摩西（Moses），他在没有次级承认规则事先确定他为立法者的情形下就将从上帝那里获得的诫命宣告为法。这意味着：初级规则与次级规则的建立对于法来说是有利的，在发达的法律体系中通常可以通过事实-社会学的方式来确认，但它并非概念-哲学上所**必要的**。

但它是否至少是**充分的**，也就是说，我们能否假定，只要建立初级规则与次级规则之体系，就总是存在法？可以假设这样一个例子：X 夫人在 19 世纪的巴黎成了焦点人物。她的沙龙所采用的规则在当时是适用于整个巴黎上流社会的所有成员的规则，如着装规范、礼仪规范、餐桌规范。在这一情形中，存在着一个包含一个承认规则的双层规则体系：因 X 夫人而有效的规则事实上被承认为适用于当时巴黎上流社会的有效规则。这一体系类似于由初级规则与次级规则组成的体系，就像哈特将其作为现代法之典型特征那样。但我们并不会将 X 夫人的规则体系视为法，而会将它视为社会惯习体系。对于适用于企业中员工间的初级规则与次级规则而言，情形也是相似的。这些例子说明，初级规则与次级规则的存在根本不足以假定存在一个法律体系。

哈特可能会反对道：X 夫人的体系并非政治体系或国家体系。但宗教团体、私人社团和网络空间的分配规范，或者体育组织的规范也都可以被视为法，它们并非是政治性的或国家性的。而国际法尽管是政治性的，但却非国家性的。

故而哈特只是用法的双阶性描述出了现代发达法律体系的一种有用且广为流传，但却是偶然的属性，而非一切时代和一切文化中的法的一种充分必要的概念属性。他对法的理解所提出的建议——用他自己的话来说——同样可以是一种“描述社会学”，作为对现代发达法律体系的社会学说明，这种理解的价值匪浅，但它不能取代关于法（它处于其一切世界性联系之中）的哲学视角。

（4）正如已经在Ⅱ.4中提到的，德沃金曾主张有必要用**原则**来补充法律**规则**。

如果说规则表达出了**全有或全无的义务**，即严格规范事物的话，那么原则就允许进行**权衡**。康德早已在自然法的语境中将这种规范技术的区分表述为**完全**义务与**不完全**义务。这在事实上无法被否认。然而有疑问的是，人们是否应当将这种古老和一般得多的**原则**概念——在一般**原理**（拉丁语 principium，希腊语 arché）的意义上——适用于，因而限于这种特别特殊的规范技术选择，即严格给定的义务与可权衡的义务。无论如何，这里涉及的就不再是经典意义上的原则了。这里根本上是一种语词的新造。

进而，如果人们不想将法限于规则意义上的一般规范（为此已经进行过论证），那么这也适用于通过原则的扩展。德沃金的相当宽泛的命题，即原则涉及道德或伦理规则，还将在后文中被批评（参见II，11），因为即使是纯粹的法律规范也可以同时是严格的和可权衡的。此外，法的手段肯定无法终局性地列举为规则和原则：毋宁说也存在个别规范、制度、概念、制定法、判决、行政行为、法典等等。最后——这对于法的特殊属性这一初始性问题来说具有决定性——严格义务与可权衡义务的区分不限于法，同样也适用于道德和惯习。相反，也可以想象存在这样一种原始的法，它要么由严格给定的义务构成，要么由可权衡的义务构成。因而这一区分尽管可能实际上经常可以在复杂的现代法律秩序中被找到，但它对于法而言既不是必要的也不是充分的。

7. 法的必要目标

法的必要目标必须满足两个要求：它不能过于一般化，否则相较于其他人类行动就凸显不出特殊性，也就是缺乏区分度，就像凯尔森和哈特所接受的人类行为义务的唯一目标同样也显现在道德和惯习之中那样。同时，法的必要目标也不能过于特殊化，因为它必须涉及一切时代和文化中的法的一种不可变更的属性。

在一种要求非常高的意义上，善、正义、平等或公共福祉无法被解释为每种法概念上所必要的目标。因为一方面，过去和现在对于这些目标的理解大相径庭。另一方面，我们的出发点在于，非善的即糟糕的法，或者非正义的即不正义的法，或者非平等的即不平等的法依然是法。即使只想计划和颁布一般的，甚至是糟糕的规范的独裁者也是在制定法。

但识别出法的统一目标是必要的。人们无法仅用其手段来标识出法的特殊性，因为所有被建议之类型的手段都可以是法律之外的社会体系的手段。法律之外的社会关系也可以包括思维、语言、规范、规则、命令、强制、规范或规则等级结构以及可权衡之义务意义上的原则。

那么什么是法的必要目标？人法——本文所主张的命题认为——**以调和可能相互对立与冲突之欲求这一目标**为必要目标以及必要属性（冯·德尔·普佛尔滕：《法是什么？》）。例如宪法调和人们根本性的生活观念，法律调和不同的一般欲求，司法判决调和具体争议中双方当事人的利益，官员的行政行为调和个别公民与/或大众利益之间的特殊意愿。故而人们必须区分出法的必要目标的四种要素：①至少有两个可能的欲求或利益；②它们可能相互对立；③它们存在相互冲突与对抗的可能；④对它们有计划的事实上的调和。这些要素都需要进一步的澄清：

（1）**可能的欲求/利益**

“欲求”和“利益”这两个表述在这里等义使用。它们被简化理解为利己的或经济的。如将自己的孩子送进一家好的学校就是一种重要的欲求。对于通过法的调和而言，欲求不必然是现实存在的。仅有其出现的可能，例如有未来个人或大众的欲求作为调和目标的出发点就足矣。欲求或利益的概念抽象于有待考虑之实体的更为具体的属性。可以发现生物所固有的四种属性：**追求**、**需要**、**欲望**和**目标**（冯·德尔·普佛尔滕：《规范伦理学》，第57页及以下）。这四种属性构成了纯粹的肉体规定与纯粹的精神规定之间的连续体。我们身体（如免疫系统）的**追求**是纯肉体性的。**需要**，如睡觉、吃饭、喝水、取暖和保护，也是肉体性的，但可以受到意志的影响。**欲望**不少起源于肉体，但主要是精神性的，也可以完全被压抑，就像读书的欲望。**目标**是纯精神性的，如勾勒出一种尽可能完美的法哲学这一目标。集合性和拟制性的实体，如法人，在缺乏肉体的情形下无法发展出追求、需要或欲望。它们只能具有目标，由作为其代表的人来表述。

欲求可以是**主观的**，也可以是**客观的**。在这一视角下存在一种宽泛的连续体，它在生命伦理学和医药伦理学中特别实用：人们首先必须去考虑具体的事实上的意愿，如（病患）对实施某个特定医疗措施的具体同意。假如不可能，就必须去考虑抽象的事实上的意愿，如（病患）对医疗的一般性赞成。第三步可能是去调查过去的事实上的意愿，如在判断对于丧失意识、昏迷不醒或者已经脑死亡的病人应否实施挽救措施、一般的医疗手术或者维系生命机能时（如“埃尔朗根婴儿案”）就是如此。例如，如果一位孕妇脑死亡，那么是否要稳定其心血循环系统以挽救孩子的生命就也取决于她过去事实上的意愿。如果这种过去事实上的意愿不存在，或无法查明，那么第四步就必须要找出事实上相关之人的可推测的意愿，最终在第五步中，找出一位情况相当之人的假定意愿。假如在上述例子中，孕妇没有表达出事实上的意愿，那么人们就必须要去追问其可推测的意愿，（假如没有成效的话）以及相当情形中某个孕妇的假定意愿。

对于需要用法来调和的欲求或利益而言，某种固有的分量是必要的。这也是为什么尽管游戏规则无可争议地拥有调和欲求的功能，但我们却不将它视为法的理由。游戏是自我满足的，没有必要的外在目标。内在目标仅与游戏相关，因而游戏者的愿望与目标也仅与游戏相关，因此达不到以法来调和之欲求的固有分量。谁要是认真对待一场游戏，谁就误解了游戏的性质。因而游戏裁判（Schiedsrichter）说出的不是法，虽然后缀“-richter”（“Richter”在德语中一般被译为“法官”——译者注）表明他的调和活动与一位真正的法官的活动大体类似。相反，仲裁法庭关于金融索款问题的裁决当然是以固有分量来调和特定利益的活动，因而是法。

（2）**可能的相互对立**

从某个角度看，不同欲求必须是潜在对立的，这意味着，它们并不一定完全协调。如果它们一定相协调，那么用法来加以调和就既无可能也无必要了。欲求可能对立的一个例子是：债权人想要货款，而债务人不想付款。仅有相互对立的**可能性**同样足矣，如在世之人之间，或在世之人与未来之人之间欲求可能的对立。

（3）**冲突的可能**

即便两个欲求相互对立，也可能在这两个欲求之间不存在冲突，这就派生出了法律调和的可能性与必要性，例如当休假者想要天晴而农民想要下雨时就是这样。只要天气不受地方的影响，休假者与农民的这两种相互对立的欲求之间就不存在冲突。

通过法来调和就既不可能也不必要。

（4）**调和**

与前三个要求相反，调和不仅要是可能的，它毋宁必须要是现实的，即事实上力求达到的，因为法本身就是一种现实的形式，而不仅是潜在性，也就是可能性。“调和”是什么意思？在法律制定者的意图及其事实上的法律行动中，法必须要去寻找一种深思熟虑的，也就是至少要**考虑**相互对立之欲求及其活动的决定。故而这种调和不必然拥有这样的目标：成为一种高要求-完美主义意义上的好的、正义的、平等的或提升公共福祉的活动，甚至去实现这一目标。但**从根本上现实地和认真地考虑可能之利益攸关者的欲求**却是必要的。

因此，例如战争中的杀人就不是法，因为这种行为压根就没有对相关者与杀人者现实或可能的对立欲求予以调和。但它可以作为国际法上被允许、在伦理上可能获得证成的终极自我防卫手段。同样，相比于它，为全体人民所完全放逐与剥夺权利在概念上就已不是法了。例如在古代奴隶“法”中，（是否具备法的）资格取决于奴隶的欲求是否至少在最低限度上被考虑到了。

这里所表述的（为现实上和概念上的界分而）对法提出的要求相对抽象，也比较弱。法不必然要将满足道德或伦理的全部要求，甚至只是核心要求作为必要目标。但它拥有一种狭隘的、概念上必要的目标，缺乏这一点，某种社会事实就无法被识别为法。只要人们愿意，就可以将这种更为狭隘的目标称为一种弱化了的意义上的“**正义**”，前提是不能模糊掉它与一种十分强的正义概念（作为法的伦理标准）之间的核心区别，后者将在第 III 章中再来探讨。

如何能确定，某个行动事实上是否服务于调和可能相互对立和冲突之欲求这种目标？这是个认识论和实践的问题。进行确定的根本渊源在于经验上可认知的行动者意图，他的事实行为、其行为的实践嵌入性，如与关涉这一行动的其他法的关联性以及社会（这一有疑问之行动发生于其中）成员是否接受（这一行动）。

即便表面上看是纯描述性的法条，如法律、法规或行政行为对于国旗颜色或首都的确定，也在调和现实的，或至少是可能相互对立和冲突的欲求。因为国旗或首都被确定之前，不少情形中一些公民或团体以代表他们各自地区的政治性的旗帜相角逐。确定之后就调和了这种竞争，并制止了——至少当它被普遍接受时——进一步的冲突。

相比于拉德布鲁赫在二战后在一篇论文中所表

述，且在法院随后审理纳粹法的案件中被援引的著名公式（《制定法的不法与超制定法的法》，第216页），这里所认定的法的必然目标要求并不那么高。所谓的**拉德布鲁赫公式**说的是："正义与法的安定性之间的冲突应当这样来解决：实在的、受到立法与权力来保障的法获有优先地位，即使其在内容上是不正义和不合目的的，除非制定法与正义间的矛盾达到如此不能容忍的地步，以至于作为'非正确法'的制定法必须向正义屈服。在制定法的不法与虽然内容不正确但仍属有效的制定法这两种情形之间划出一条截然分明的界线是不可能的，但最大限度明确地作出另一种划界还是可能的：凡是正义根本不被追求的地方，凡是构成正义之核心的平等在制定实在法时有意被否认的地方，制定法就不再仅仅是'非正确法'，毋宁说它压根就缺乏法的性质。"

这里所建议的法概念既不认为当某个法律规范与正义间的矛盾"不能容忍"时就要否认它的有效性（拉德布鲁赫公式的第一部分），也不认为当立法者根本不追求更严苛意义上的正义时就要否认法的性质本身（拉德布鲁赫公式的第二部分）。但是，即便从一种法哲学的视角出发，拉德布鲁赫公式所提出的这种更高的要求也不能被视为法概念的必要条件，从一种伦理学的视角出发，也有许多的理由支持将它吸纳进某个国家的习惯法或实在宪法之中。基于伦理方面的理由，相比于借助调和相互对立和冲突之欲求这种弱目标来实现与其他社会现象的纯粹法理论-概念上的界分，法在内容上必须追求和提供的要多得多，即要成为良善和正义之法。必须要将对法的这种更高的伦理要求与法理论对法这一现象的事实或概念确定小心区分开来。

8. 法的必要手段

借助于调和可能相互对立和冲突之欲求这一必要目标，法就可以与许多其他社会行动或事实，如经济、学校、高校等相界分。但许多社会行动、事实或制度拥有相同或至少是相似的目标。对于道德、政策、宗教和非道德的惯习尤其是如此。相对于这些拥有相同或相似之目标的其他社会事实，法只能通过运用特定的手段来区分。但并非所有法的必要手段都适合来作这种区分。法使用其他所有社会行动（它们服务于调和可能相互对立和冲突之欲求这一目标）都会使用的手段——这只是因为被追求之调和要求使用这些手段。两种根本性的那类手段是——正如我们在 II. 5 中得出的结论——思维与语言。离开思维与语言，如何对相互对立之欲求进行调和根本就是难以想象的。法使用一切可能的思维与语言，即描述、评价和规定/义务（规定、标准化、规范）（冯·德尔·普佛尔滕：《描述、评价、规定》）。义务或规范是——就像前面所得出的结论——法的必要手段，因为离开利益攸关者的义务，对相互对立之利益的调和是不可能的。

但义务性并不是法所独有的，因为所有其他服务于调和可能相互对立和冲突之欲求的社会行动都必然是义务性的。道德、政策、宗教和非道德的惯习，为了实现其调和的目标也必须使用义务。故而人们不得不去寻找对于法而言特殊的其它必要手段。相较于其他社会行动，其决定性属性如下：

（1）相对于**惯习**（如餐桌礼仪）

法不仅包括自愿的义务，也包括**绝对的义务**，后者指的是不以承担义务者在具体情形中之赞成为前提的义务（这并不意味着，所有的法律规范都是绝对的）。故而法——与道德一样——可以通过其部分的，但非必然的**绝对性**与纯粹的非道德的惯习相界分。如司法与调解的区分恰恰就在于这种绝对性（但它并不必然包含狭义上的强制，即物理或心理的制裁）。

（2）相对于**道德**

一切形态的法都只有**外部**渊源与手段（如约定、

颁布、规定、裁判、选举、公布），但却没有纯粹的**内部**渊源与手段，如人类良知，后者是道德的一个，但非唯一的渊源。故而法与道德的区分在于所有其具体形态的必然的**外部性**。

（3）相对于**政策**

法的所有表现的特征在于其产生、颁布和运用方面有某种**正式性**，而单纯的政治行为，例如某个外交政策决定（如某个门罗主义与勃列日涅夫主义的规则）并不具备这一点。故而法相对于政策以及类似社会行动的区别性特征，在于所有其具体义务必然具有**正式性**，如司法裁判的正式颁布和制定法的公布。法的正式性实现了**法的安定性**。正式性的要求也适用于习惯法，我们必须要在议会、法院和行政机关的活动中找到它的形式，从而找到对它的证实（而非完全通过这些活动产生）。现代合同法上正式法定形式的扩张，使得我们有可能在今天的法律秩序中针对不那么重要的具体合同类型，放松缔结合同的形式要求。

（4）相对于**宗教**

即使一种可能的神法或超验的宗教法总是指涉人类及其行动的**固有**世界关系，但与之相对作为信仰的实践、宗教也同时指涉某种超验的目标，如永恒的幸福、再生或至少是心灵的宁静或者永远为人类献身。因此，法相对于宗教的区分性特征在于其相对于所有行动必然的**固有性**——至少当法与宗教在现实中相分离，而不是像古代犹太法或伊斯兰法那样将两者完全混合在一起时。故而与上面三种其他界分（它们无疑是概念上必要的）不同，这相对于宗教的第四种区分以此为前提，即存在一种法与宗教相分离之形式的根本性社会发展。

总而言之，法是这样一种**社会现象，它以调和可能相互对立和冲突之欲求为目标，并拥有绝对性、外部性、正式性以及——只要它与宗教相分离——固有性的手段**。

9. 反对手段还原论

就像II.6中所说的那样，许多当代法理论家都将法的特性限于纯粹的手段。但即便是在手段之内，仍有人试图将它进一步还原为一种或两种特殊的手段，如命令/强制（奥斯丁）、规范（凯尔森）、规则（哈特）、规范的等级构造（凯尔森）、规则的双阶性（哈特）、规则和原则（德沃金；但他同样还考虑到了概念）。但如果我们像在上一节中那样认为法有一种特定的目标，那么就没有必要将法的手段限于这些类型中的一种，以便于概括法的特性。每种适合于达成法的这种目标的手段都是可用的。

此外，在国际争议中，还有其他因为其实证主义-分析主义的特色而扮演着较为边缘之角色的手段，如**概念**和**制度**。

人的尊严、人格、生命、行动、自由、契约、财产、占有、损害、过失、行政行为等概念都给法打下了烙印。概念是我们理解世界的工具。它们是区分我们周遭的现象或情境的手段。法用它们确立义务，以维系或改变这些情境。

法律概念不能被简单还原为规范的要素。不如说它提出了这样一个疑难问题：谁具有第一性，概念还是规范？许多实证主义-分析主义法理论的代表相信，概念由那些它们构成其组成部分的规范或规则来确定［阿尔夫·罗斯：《图图》（Alf Ross，Tû-Tû \）］。但这幅图景过于简单了。法采纳了许多自然概念和社会概念，如土壤、空气、水流、艺术、科学、家庭，而无法完全为了或仅仅为了其法内目的来确定它们（的含义）。此外，法为了自身目的在更大程度上改造了一些自然概念或社会概念，如占有、财产、契约、损失、租赁、买卖等。最后，法构造出了自身的法律技术性概念，如一般交易条件、意思表示、期待权等（冯·德尔·普佛尔滕：《论法中的概念》）。

为了构造出一个**制度**，如婚姻制度、财产制度或继承制度，要将大量规范结合起来。这些制度服务于更为具体的、超越于法的一般目标之外的社会目的，如将相应制度稳定化和提升为社会事实。法发现这些社会制度，但也同时塑造着它们，如在婚姻法、财产法和继承法中那样。故而这样两种极端的立场都是不正确的：制度既不是完全在法律调整前就被给定的，也不是完全由法律创造的。它毋宁涉及的是或多或少被法律打上烙印的社会现象。故而关键在于区分出这些制度的前法律部分与法律部分。

10. 法与发达的法

在考虑这里所建议之法定义的前提下，根据目标与手段可以区分出三种普通的法，它们已然满足了法的独特目标与特殊手段：正式-绝对的调和性的**约定（契约）**、某个共同体的正式-绝对的调和性的**义务（指示/诏令/指令）**，以及法官在**司法审判**中所作的正式-绝对的调和（**裁判**）。所有这些法的普通形式都从根本上服务于调和可能相互对立和冲突之欲求这一目标。此外他们还在其手段方面满足了——人们可以这么假定——所有要求，即绝对性、外部性、正式性和——只要法与宗教相分离——固有性。例如，一份形式-绝对的约定，即一份契约，调和着缔结契约的双方当事人之间可能相互对立和冲突的欲求。它至少部分包含着绝对的义务。它完全是外部的。它具有这样一种形式，如交换一致的意思表示、击掌、书面形式、交存契据、延请证明等。它是固有的，只要法与宗教相分离。

这三种普通的法的类型（它们在今天的原始法律秩序如原始社会的法中，以及在国际法中仍能被观察到）在人类历史的进程中经历了多个步骤的扩充，也变得日益复杂。现代法就是以这种方式发展起来的。为了能更好地理解法概念，我们将在此勾勒出这些扩充性的步骤。然而，对这种在其具体流程中偶然但复杂的过程进行更为细致的描述和说明，就不属于法哲学的任务，而属于法律史、法人类学和法社会学的任务了。

在这一发展过程的第一阶段，这三种初始类型的法就已然要求存在一个弱意义上的**共同体**了：一个缔结契约者的共同体，一个政治性的或其他性质的共同体，它负有义务或其成员负有义务，一个双方当事人或程序参与者与法官的共同体。

此外，所有更简单类型的法都将在第三和第四阶段或多或少地依赖于发达的、要求具有优先地位的（法的）类型。故而制定法和宪法对契约进行合法化

(1)	正式-绝对的约定（契约）	某个共同体的正式-绝对的义务（指示/诏令/指令）	法官所作的正式-绝对的 调和（裁判）
(2)	习惯法	某个共同体的正式-绝对的以及规则化的标准	判例法/法学家法
(3)		某个共同体的制定法	
(4)		某个共同体的宪法	

和规范化，共同体的义务和司法调和通过裁判得以合法化和规范化。每种更复杂的类型通常都自我主张相对于前一阶段之类型在认知和标准化方面的优先性，即拥有一种认识论和规范上的优位性。在历史上这一点如何发生极不相同。

支持从第一阶段个别的契约或司法审判向第二阶段习惯法和法官法的一般规则进行过渡的有萨维尼。正如我们在 II.5 中所看到的，他只将“一般法的形成根据”，即习惯法、制定法和法学家法或科学法，也即是一种超越于法官法的法源明确界定为法的渊源。支持从第二阶段向第三阶段的过渡的包括所有那些认为制定法具有必要性、优先性，甚至是唯一性的理论家，例如孟德斯鸠——他就提出了这样一个命题，即法官只是“说出制定法话语的嘴巴”（《论法的精神（第6卷）》，第6章，第225页）——以及19 世纪末和 20 世纪初的制定法实证主义。但哈特及其双阶规则体系的假定同样属于这一群体。支持从第三阶段向第四阶段过渡的是所有那些理论家，他们主张有必要以宪法的形式进行进一步的等级化构造，如凯尔森。

从前述章节可知，至少从一种哲学视角来看，所有这些处于第二个和更高的法律发展阶段的要求都**不是法的必要属性**。它毋宁涉及的是更复杂之法律秩序的各种经验现象，但它们可以获得伦理上、政治上和法律上的证成，而出于上面提到的理由，它们也再三得到了证成。

11. 法与道德/伦理

法与道德和伦理的关系为何？现代法理论将自然法与法律实证主义之间的古老争议重述如下：法与道德或伦理究竟是在**概念上**或**分析性地**，因而**必然地**相联系（**联系命题**），还是在**概念上**相分离（**分离命题**），因而只是偶然地联结在一起，也就是外部因果性地、内部通过法的包含决定联结在一起？前一种观点的代表是**自然法**与**非实证主义者的拥护者**，如菲尼斯、德沃金和阿列克西（Alexy），后一种观点的代表是像凯尔森、哈特、拉兹（Raz）和霍斯特（Hoerster）这样的**法律实证主义者**。

对于这两种选择的现代表述而言，首先应当看到，它通常没有清晰地区分**道德**与**伦理**（在英语中，除了“morals”和“ethics”之外，同时还使用“morality”，这也进一步造成了不清晰性）。但这种区分无疑是必要的，因为事先不弄清问题中出现之关系对的精确含义，又如何能确定它们间的关系呢？因而为了充分处理联系问题，必须清晰地区分道德（实际存在的道德、实在道德）与伦理（批判道德、道德理想、道德哲学）。

一方面，实际存在之道德规则意义上的道德是一种社会事实，它可以被描述和说明。我们可以从经验上查明特定社会中特定群体的道德规范与道德行为，例如他们的真诚、善意和他们的社会行为的社会性限制，如对于婚前性行为或乱伦关系的禁止或许可。另一方面，道德规范**直接地**和**首要地**指引着我们的行动。

相反，伦理并不必然是一种社会事实，而是一种**精神产品**、一种**理想**，属于**哲学的一部分**。伦理并不**直接地**和**首要地**指引我们的行动，而是对道德、法、宗教、政策、技术、医学、惯习等首要规范进行证成和批评：

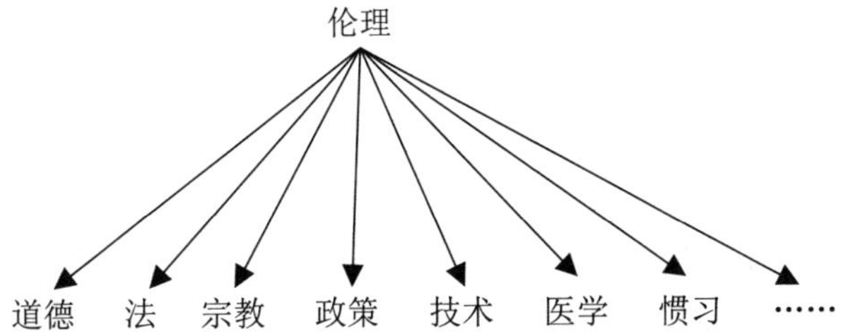

道德与法之间的关系是**两种社会事实之间的关系**。这种关系只可能是**外部因果性的、内部法律包含性的**，因而是**偶然的**，因为很难看清，实际的事实如何能在概念上必然地联系在一起。只有当两个社会事实都拥有内容上相当之目标时，它们之间才存在相似性。道德——正如 II. 7、8 中所看到的——遵循着与法相同的抽象目标，即调和可能相互对立和冲突的欲求，只是手段不同而已。因而法可以在实现自己时很好地去顾及对道德的最终提升或者道德的反抗作用。但除此之外并不存在任何概念上的必要，将作为独立规范秩序的法导向特定的道德价值和义务。

能提供这种必要性的只有**规范伦理学**，即这样一种伦理学，作为法的理想，它要求为了法成为**良善或正义的**，以特定的方式方法来具体化它的目标与手段。因而第二种关系，即**法与伦理的关系**，对于非实证主义的联系命题或分离命题而言具有根本性。法与伦理的关系问题重述出了法理论的基本问题，即法的现象与概念与开始在概念上并非法的伦理现象之间的关系，一个元层面的问题。因此它涉及的是一个已经过渡到了法伦理学领域的**元伦理学**问题。古典法哲学极少将这一问题置于那种元层面。就像 II. 2 中所看到的那样，它毋宁已预设了法的必要目标。如果这些目标，如善、正义或公共福祉，同时也是伦理目标，那么就默示地主张了一种必然的联系。就此而言，我们必须将 II. 2 中提及的柏拉图、亚里士多德、西塞罗和托马斯等人的理论毫无疑问地定位为**非实证主义的**理论。

然而，随着 II. 3、4 中所展示的近代和当代法的必要目标的弱化，是将具体理论归类为非实证主义还是实证主义就不那么确定了。霍布斯所假定的个人自我保存的目标不再能清晰地被视为伦理目标。对于洛克的保障财产的目标而言也是如此。18 世纪广为流传的目标，即自由本身也还不是伦理目标，至少当自由仅仅被个别性地理解为行动自由或意志自由时还不是。但额外的假定可以使得自由成为伦理目标，就像康德通过可普遍化原则所做的那样，或者黑格尔在客观化伦理的和共同体的层面上来理解法律自由时所发生的那样。继而在 20 世纪，拉德布鲁赫——就像 II. 4 中所看到的——重新回溯到正义作为法的必要目标，因而回溯到一种非实证主义的法律观。但通过装入合目的性和法的安定性，他的正义概念相比于古代和中世纪学者的正义概念在内容上不那么确定。

相反，所有否认法拥有特定目标并认为法的特性仅在于手段的理论家，如奥斯丁、韦伯、凯尔森和哈特，都是法律实证主义者，因为所有被建议之手段，如命令、强制、规范、规则和规范等级构造或规则等级构造，都无法使法在概念上必然与伦理联系在一起，因为它们对于伦理而言并非必要。这意味着：法独有之目标的假定决定了法与伦理在概念上的必然联系。

上文将调和可能相互对立和冲突之欲求确定为法的必要目标。伦理学的任务在于，参照对这一目标的实现来批评和证成像法这样的规范性事实。就此而言，法与伦理在概念上必然联系在一起。因而完全不考虑在伦理上和法律上需要被考虑之人的法律规范相对于此就不是法（II. 7）。故而在这种有限的意义上，联系命题是正确的。相反，此时分离命题成立：不正义的法——它满足了顾及他人这一最低限度的要求——在事实上和概念上是法。但伦理学要求改进它，即更加公正地去塑造它。

在 20 世纪，个别理论家曾试图在不假定法的必要特定目标的前提下，去证明法与道德或伦理拥有概念上的联系。德沃金曾——就像 II.4、6 中所见的——反对哈特认为，除了规则外，法律秩序还包含原则，即除了全有或全无的命令外还包含可权衡的命令。故而与规则不同，原则的贯彻力受到其他原则的限定。据此，原则在适用时，必须要与相关原则进行权衡和称重。从法由规则和原则组成这一确定出发，德沃金推导出两种证成方式来支持法与伦理之间**必然联系**的命题，一个是**结构论上的**，一个是**效力论上的**（参见拉尔夫·德莱尔：《法律的概念》，第 105 页及以下）。

结构论的证成方式如下：由于其结构，原则跳出了狭隘的规范主义法概念之外，因为它们将近似地实现某个伦理理想提升为法律义务。**效力论的**证成说的是，事实上和规范上要求引用这些原则，就使得我们不可能通过一种次级的承认规则去严格界分法律规则与伦理原则。哈特的次级的承认规则作为社会规则，虽然能将初级规则识别为有效或无效的法，但却无法识别出原则。

为了评判**结构论的**证成方式，要确认的是：德沃金尽管主张他的命题并不仅适用于美国或英美法律体系，但他自己涉及的主要是这一体系。在英美法中，存在着尚未进行体系性的法典化或立法的广泛领域，它们只受法官的判例法调整。但如果只能将先前的个案作为判决的依据，那么通过构造原则在它们之间建立起联系就很容易理解了。人们可以将此理解为一种一般性和规则化的规范调整的第一阶段。但是，从法官判例法这一法律形式需要这样一种融贯性构造的辅助手段，并不能推出，这适用于所有类型的法，如法典化、议会立法和成文宪法占统治地位的法律秩序（其中，原则在实在法律规范外不发挥重要作用，也不是独立的法源）。因此，至少对于像德国这样的法律秩序而言，**结构论**证成并不具有说服力。

此外，先必须证明的是，作为原则构造之基础的评价**不**仅基于实在法的法律评价之上。具体判决的评价可以被塑造为一个一般性规则，这一事实并不能确保，这一规则可以任意方式有资格成为伦理规则，因而是超实在的规则。匪帮成员可以将每天打劫一次作为原则。这一原则可能与这一团伙的另外一个原则，如一周庆祝一次，发生冲突，也即是并非作为全有或全无的规则来适用。但这一切并不能证明，相应的原则是**伦理**原则，而不仅是**法律的、惯习性的**或**技术性的**原则。从规范纯粹的结构性差异即手段出发，无法推导出某种规范类型的伦理证成力。我们无法一边放弃对法的高要求目标的假定，一边却主张法与伦理具有概念上必然的联系。一旦离开法的必要目标这一稳固的基础，就不可能像以前的明希豪森男爵那样抓住自己的头发将自己从（偶然的、可任意替换之手段的）泥潭中拉出来。

至于**效力论的**证成方式，要说的是：如果规则是澄清法律之产生与效力的宪法规范和组织规范，那么对于一个核心的法律领域而言，法律规范与法外的证成依据之间的区分就是清晰的——如果不考虑不可避免受语言限定的不精确性的话。即使是法官法规则也可以分归于这两个领域。只要它们留在实在法之可能文义和法律评价的框架内，它们就位于法的规范领域。此外，像联邦德国这样的法律秩序将大部分伦理原则都在其宪法中予以了规范，因而制定为了法。司法裁判可以也必须要考虑宪法上相应的法律评价。但这里涉及的是**内在于法的法律评价**，而非超越于实在法之上的伦理评价。但即使是我们假定，司法裁判在疑难案件中实际上同样要回溯到法外的评价上去，法与伦理的必然联系命题也并没有因此得到证明。具体法律适用者事实上跨越了实在法的界限，并不能证明法与伦理之间在概念-分析的层面上具有联系。

对于德国法而言，根据《德国基本法》第 20 条第 3 款，在进行法律发现时要区分出四个步骤，就好比是四个同心圆：①如果有待适用之规范的文义清晰，就进行制定法的适用；②如果不行，就借助于法学方法论规则，尤其是解释和类比规则进行制定法解释；③援引内在于法律秩序，尤其是宪法的法律评价；④纳入法外评价。**事实上**要从此出发：在司法裁判的过程中，越是从阶段一向阶段四不断前行，就越是以不断增强的程度注入法外的评价，即道德的和伦理的，但也包括宗教的和政治的评价（**描述性扩散命题**）。即使是在**规范上**也必须假定：另一种规范秩序越强，相碰撞之法或伦理规范秩序的拘束力就越是减弱；另一种规范秩序越弱，相碰撞之法或伦理规范秩序的拘束力就越是加强。这可以得到伦理上也可以得到法律上的支持。如果制定法文义和法学方法论及法价值都无法导出一个决定，那么法本身或具体法律适用者就不如援引法外的伦理学评价，这要好过作出纯粹任意专断的决定（**规范性扩散命题**）。因而不应将法与法伦理想象为两个平滑的、摞在一起的表层，而是伦理评价以不同的深度和强度渗入了法之中。

由于阶段一至三天然地是从法律上来确定的，因而联系命题的代表者至多只能用原则论据来指涉法律适用的第四个阶段。但他既无法这样来支持他的命题，即在裁判中事实上存在这样一个证立的阶段——因为事实是偶然的，因而无法证明概念上的必然性，也无法这样来支持他的命题，即主张这样一个第四阶段的必要性——因为这只是对分析性的联系命题的一种可能的转述。只有成功地说明，当放弃阶段四就将抛弃某个规范秩序的法律性质（无论这是否基于一个规范性的指令）时，分析性的联系命题才能得到证明。但作为分析性命题，这是无法通过指涉事实行为来加以证明的。

但我们同样可以在一种更为根本性的规范逻辑层面上来质疑原则论据。每个义务或每个规范既在其描述性的前提部分，也在其义务性的命令部分包含着一种严格的要素和一种程度上相对的要素。只有在实际上的语言用法的框架内，这些要素之一在个案中才会被作为无意义和产生不良后果的要素排除在外。想一想下面这个例子：某人求他的一位朋友，在小商贩有四个鸡蛋的前提下去他那里买四个鸡蛋（严格的描述性和义务性的要素）。这通常意味着，如果只有一个、两个或三个鸡蛋，他也应当买一个、两个或三个鸡蛋（程度上相对的描述性和义务性的要素）。只有当认识到，只有在例外情形中人们才需要恰好四个鸡蛋（为了煎一张蛋饼）并且用两个鸡蛋就做不成时，这后两种程度上相对的请求要素才会被表达出来。故而在通常情形（“要么四个鸡蛋、要么少些！”）中，这一命题在前提部分和法律后果部分既包含一种严格的描述和义务，也包含一种程度性的描述和义务。在例外情形（“只要恰好四个鸡蛋！”）中，程度性的描述和义务在前提部分和法律后果部分被放弃了。同样也有这样的规范，它们并不必须通过额外的语言行动才能被限制，而是在内容上就已是严格的，也即依照全有或全无原则来表达的了。请求一位朋友在小商贩营业的前提下去购物，可能就是这样一个命令。一个小商贩在某个特定的时刻只可能营业或者不营业。对此进行程度上的分级是不可能的。

德沃金及其拥护者的成疑问的假定，即规则/原则的区分在于，相信上面讨论的抽象语言功能的或规范逻辑的事实会导向不同的**规范秩序**，而它们要被**识别**为法与伦理或道德。对此，人们必须反对道：当然也可能存在下达严格命令的伦理或道德规范，如康德禁止撒谎的命令。可能存在容许进行程度上分级的法律规范，如具体的宪法规范。严格的/程度性的与法/伦理这两种规范特性之间的关联性是偶然的，而非分析性的，因而也非概念上必然的。只是必须承认某种数据上的频发性：法律规范更经常会下达严格的命令，因为它们更强烈地深入细节，也因为每个法律制定者在存疑时都可能会选择更精确的表述。如果这不可能，那么他宁愿倾向于严格的表述（在存疑时它也会向权衡开放），而不是一开始就限于权衡。相反，伦理证成更为抽象。它们之间的冲突更为频繁，这就需要进行权衡。但从这种数据上的频发性无法推出两个特征在概念–分析上的关联性，因而也无法推出法与伦理在概念–分析上的联系。

为了支持联系命题，阿列克西进一步主张，法提出一种“正确性宣称”，从针对法律体系整体的观察者视角出发，以及从既针对法律体系整体，也针对个别规范的参与者视角出发，这样可以用来证明分析性的联系命题（《法概念与法效力》，第 62 页及以下）。但一种**宣称**总是针对**他人**提出的，并含有这样的目标，即促使这个他人做出某个特定的行为，如**赞成、遵守、承认、尊重**等等。相反，“正确性”并非一个做出反应之他人的可能行为，而是对来自于元层面上评价与描述之间雅努斯式多面联系的名词化。我们将规范或行动判断为“正确的”。作为违反必然的“法的正确性宣称”的例子，阿列克西提到这样一个宪法规范：“X 是主权的、联邦的、不正义的共和国”，或者这样一个司法判决：“被告人被错误地判处终身监禁”（第 65、68 页）。但清楚的是，像一切规范秩序那样，法作为规范秩序总是隐含着一种明确的表述无法针对的积极评价，否则就不会出现矛盾了。但这种隐含的积极评价适用于一切义务性的言语行为，并没有证明与伦理间具有必然的联系。如果在某个技术性器具的操作指南中看到“首先请您按下电源开关，这是错的”这句话，那么这同样是矛盾的。但这仅是技术性规则之隐含评价与明确评价之间的矛盾，而非与伦理规范之间的矛盾。

一些实证主义的代表在规范理论层面接受了德沃金关于将法的可能手段限于规则的批评，及其用原则加以补充的做法——事实上它也接近于至少可回溯到康德和自然法的传统中的完全义务与不完全义务。但他们反对德沃金关于法与伦理之间具有概念-分析上的联系这一推理结论。为法与伦理相分离之实证主义确信辩护的方法有二：依据是否认为可能将原则接纳为法的组成部分，可以分为所谓的**包容性法律实证主义**和**排他性法律实证主义**。

按照**包容性法律实证主义**之代表的观点，没有理由反对这一假定，即哈特的承认规则同样将道德和伦理规范整合进了法之中。继而它们通过这种包容就变成了法律规范（希玛：《包容性法律实证主义》；哈特：“后记”，载《法律的概念》，第 315 页及以下）。但分析性联系命题并不因此得到证明，法律实证主义也没有因此被驳倒，因为这只是一种事实现象，而没有蕴含着概念-分析上的必要性。

与此相反，约瑟夫·拉兹及其学生安德雷·马默（Andrei Marmor）主张一种**排他性法律实证主义**，据此，法并不容纳法外的道德和伦理规则。拉兹主张，在双重视角下，法是一种权威性制度（《公共领域的伦理》，第9章）：一方面它应当是一种事实权威，另一方面它也要求正当权威。那么，哪些规范能主张正当权威呢？对此需要两个条件：一方面，它们的义务本身可以不再基于为它们所替代之理由来识别。否则权威就无法满足其实践功能。权威能够造成一种实践差异。假如义务本身无法被断定，它就没法做到这一点。另一方面，权威必须能够形成服从对象该如何行为的观念，而这又不依赖于这些对象关于自身该如何行为的独立考量。必然存在人格化的权威。没有作者就没有权威。在拉兹看来，这一切都排除了将法外的伦理和道德评价纳入法的可能。

在马默看来，法的特征在于，惯习性规则将社会事实确定为法的渊源（《排他性法律实证主义》，第106页及以下）。现代法律体系的承认规则确定了法的产生方式。那么，为什么这些惯习不会允许法通过一种伦理或政策的论证来被创设或补充呢？马默的回答是：不可能如此，因为这里没有惯习能产生的东西。惯习无法构成人们在伦理和道德上应为之事的义务。

政策、伦理、道德和与此相当之考量基于我们的实践理性之上，而非通过惯习来确定其理由。故而惯习产生作为社会实践的法，这与政策、伦理和道德的情形不同。这就排除了将政治、伦理和道德通过惯习纳入法的可能。

总结来说，在这场争议中存在三大阵营：

道德/伦理原则作为法的必要组成部分	道德/伦理原则作为法的可能组成部分，如果为法所规定的话	道德/伦理原则不可能作为法的组成部分
非实证主义	包容性法律实证主义	排他性法律实证主义
罗纳德·德沃金 罗伯特·阿列克西	H.L.A.哈特（《法律的概念》后记） 朱尔斯·科尔曼 肯尼思·希玛	汉斯·凯尔森 约瑟夫·拉兹 安德雷·马默

依照本文的观点，整场争议的问题表述在根本上有两个缺陷，因此是一场伪讨论：一方面，论者们通常没有区分伦理和道德。另一方面，实证主义将法的特定属性还原为手段，即还原为规则或者规则与原则的做法也部分地为非实证主义者所接受。相反，只有当同时考虑法的目标时，法与伦理的关系问题才能得到充分的成立与回答，因为法与伦理涉及的都是目标，而非达成这一目标的手段。因而

只有考虑到这种必要目标，上面提到的必然顾及所有个体之欲求的弱联系才能被证立和理解。

12. 拉德布鲁赫公式

实证主义与非实证主义之间围绕法概念是否包含伦理标准的争议并不是单纯的学术问题。在德国，在纳粹和东德政权倒台后涌现了这样的问题：人们应当如何处理极端不正义的、具有犯罪内容的规范。例如有争议的是，一位被告人在刑事诉讼中能否援引可以在缺乏临时军事法院判决的前提下射杀逃亡者，或者在两德边界上的开枪命令作为辩护理由。拉德布鲁赫于二战前在其 1934 年《法哲学》的一个著名段落中，主张法官同样应当去适用哪怕是十分不正义的法（第 84 页及以下；只是法官，而非普通公民和其他法律适用者!）：“法官的职责在于使得制定法的效力意志生效，使得自身的法感服从于权威的法律命令，只是去追问什么是合法的，而非它是否也是正义的。人们当然会问，这种法官义务本身、这种知性的牺牲、这种自身人格对于法律秩序（人们无法预料其未来的变化）的白白奉献，在道德上是否可能。但无论法在内容上被塑造地如何得不正义——已经得到证明的是，它的存在就总是已满足了一个目的，即法的安定性。故而法官尽管在不考虑制定法之正义与否的前提下就运用它，也并不仅仅是服务于任意专断的偶然目的。即使他不再是正义的仆人（因为制定法要他这么做），他也总还是法的安定性的仆人。我们蔑视违背自身确信来布道的牧师，但我们尊重不让自己相抵触之法感来动摇对制定法之忠诚的法官；因为教义只有作为信仰之表达的价值，制定法不仅有作为正义之沉淀物的价值，也有作为法的安定性之担保——它主要掌握在法官的手中——的价值。"

在魏玛共和国时期，对于许多仍习惯于在帝国从事职业活动的法官而言，这种观点适合来确保对制定法的遵从。但它同样可能导致依据"制定法就是制定法"的原则来盲目守法，即导致对具有不法内容之制定法的适用。此外，在上述所引的段落中，也没有从根本上区分守法的法律义务与守法的伦理义务。

基于其体验到的纳粹犯罪的经历，拉德布鲁赫改变了其关于法官遵守制定法之义务的观点，并提出了上文中逐字逐句引用的拉德布鲁赫公式（II. 7）。在这一公式中，可以区分出对待不正义之法的三个层次的态度：

（1）只是**内容上不正义的**法依然是有效的法。

(2) 当从一种客观视角来看，法与正义的矛盾达到“**不能容忍的地步**”时，它就作为“不正确的法”丧失其效力。也即是说，它一如既往地在事实上或概念上有资格成为法，但不再**有效**，因此不能再为法官所适用和遵守。

(3) 凡是正义**根本不被追求**的地方，凡是当负有义务者根本没有创制正义之法的意图时，义务就**压根缺乏法的性质**。它们不仅缺乏这种制定法——它要么尚未生效、要么失效、要么由于其不能容忍的不正义而无效——的效力，而且压根就不是法，而是不法、强权或暴力。

司法实践以及许多理论家通常都没有区分拉德布鲁赫公式的第二种和第三种选择，尽管拉德布鲁赫清晰地说出了这一区分。鉴于拉德布鲁赫的法哲学，这一区分也是显而易见的：如果只有当法律制定者追求正义时法才存在，那么当缺乏那种主观意图时出现的就不会是法，而只是不法、强权或暴力。

德国高等法院曾采纳拉德布鲁赫公式，宣告极端不正义的纳粹和东德法制是无效的，或者完全剥夺它们的法的性质，如对犹太人国籍的强制剥夺、即便是缺乏临时军事法院判决的前提下射杀逃亡者的义务、那类临时军事法院判决对于盖世太保的每种拘捕和限制自由措施的合法化授权、帝国安全总局对犹太人驱逐出境的决定，以及对于两德边界上射杀行为的规定与执行［BVerGE 23, S. 98（105ff.）；54, S. 53（67ff.）；95, S. 96（135）；BGHZ 3, S. 94（107）；BGHSt 2, S. 173（177）；2, S. 234（237ff.）；3, S. 357（362ff.）］。

即便人们——像前文 II. 7 中所做的那样——不承认拉德布鲁赫公式是法概念的法理论分界线，对极端不正义之法的实在法效力的否认也可以得到证成。因为这一公式可以被视为对《德国基本法》第 20 条第 3 款（“……行政和司法要受到制定法与法的拘束”）的解释，被视为不成文的或法官法上的宪法，或者偶尔也可以被视为宪法性习惯法。这一伦理要求将拉德布鲁赫公式以这种方式实证化为有效宪法的一部分。

不正义之法是否在理论-概念上是法，能否借助于拉德布鲁赫公式或以其他方式在宪法教义学上将它宣告为无效，这一问题要与另一个完全不同的问题严格区分，即公民是否**应当遵守**极端不正义的法。后者涉及的不是概念-理论的或宪法教义学的问题，而是一般法的、道德的或伦理的问题。每个法都要求遵守其有效的规范。每一道德都可以在事实上对于遵守义务的问题作出不同的回答。只要法的不正义逾越了特定的门槛，如大规模地侵害人的尊严或人权，伦理就允许或要求公民不遵守（法）。但在这里要考虑到权衡过程中法律秩序的不稳定化。继而，伦理上被允许或被要求之对法律规范的偏离类型取决于不正义的程度。它从普通的不遵守（法）到公民不服从、暴力抵抗，再到谋杀独裁者——就像它作为针对希特勒（Hitler）和斯大林（Stalin）的最终正当防卫手段（无论如何从他们谋杀无辜者的时刻开始）所能被证成的那样（冯·德尔·普佛尔滕：《法伦理学》，第548页及以下）。

III. 法伦理学：什么样的法是正义的？

就像每一种人类行动一样，法可以是**好的**或**正义的**，或者**不那么好的**或**不那么正义的**。因为它总是涉及他人，因而伦理要求它的**良善**或**正义**。这一点与此无关，即人们是认为法与伦理之间存在一种概念上必然的联系还是只是一种事实上的联系，也即是人们拥护的是非实证主义的观点还是实证主义的观点。

伦理对法的要求，即善或正义，从根本上与伦理对于人类行动或人类规范秩序提出的一般要求相应。但由于法的特殊性，在具体化的过程中也可能产生一些独特之处。

1. 伦理的客观性问题

就像一般伦理学一样，法伦理学的首要问题也在于其**真值能力**与**正确能力**问题，即其**客观性或客观批判力和证成力问题**。伦理如何获得其客观正当性来对法进行批评或证成？就如一般伦理学一样，在一种抽象的层面上，这里涉及的是**元伦理学**的基本问题，即伦理判断和规范的客观性（真值能力、正确能力）或纯粹主观性（利益驱动性、任意性）（冯·德尔·普佛尔滕：《规范伦理学》，第255页及以下）。

伦理判断和规范的客观性可以用不同的方式方法来证立：如通过回溯到客观的伦理形式/理念、价值、规范、美德或事实上去（客观主义、认知主义）上去。这一理论阵营中的不那么精致的一支主张从客观直觉（直觉主义）或从关联体系即伦理判断或规范的融贯性（融贯论）中引导出伦理判断与规范的客观性。相反，对立观点的代表认为伦理判断或规范纯粹是**主观的**，即不具有**真值能力与正确能力**。它涉及的只是利益或观念的表达，甚至只是情感的宣泄（主观主义、非认知主义、情感主义）。

客观主义传统的代表例如有柏拉图、亚里士多德、托马斯·冯·阿奎那、卢梭、康德、费希特、黑格尔、边沁、密尔直至舍勒（Scheler）、哈特曼（Hartmann）、菲尼斯以及——在一种弱化了的形式上——拉德布鲁赫和罗尔斯。主观主义传统的代表人物有色拉叙马库斯（Thrasymachos）和卡里克利斯

(Kallikles) 这样的智者，还有霍布斯、斯宾诺莎 (Spinoza)、休谟 (Hume)、麦基 (Makie)、凯尔森以及所谓斯堪的纳维亚法律现实主义的代表们。这里不是容纳这场永恒争议之处。对于作出一个暂时的判断而言具有根本意义的是我们一般性的、极少有争议的日常观念：我们的出发点不在于，我们的伦理判断是主观的，即纯粹口味性的判断，如等同于那些关于吃、喝或音乐的口味。我们毋宁确凿地认为，对谋杀行为进行定罪，并以此为理由为相应的刑法条款进行辩护，这是客观的而不仅是主观的，即具有时间和文化的相对性的。但这并不以客观的伦理形式/理念、价值、规范、美德或事实为基础，也不以直觉为基础。因此以其融贯性来建立伦理判断的客观性看起来更具有说服力（尼达-吕梅林：《伦理学论文集》；冯·德尔·普佛尔滕：《规范伦理学》，第 252 页及以下）：伦理判断必须彼此之间以及与我们关于世界的其他一般观念相和谐。

2. 正义关系

对人类行动最宽泛的伦理评价就是“**好**”或“**不好**”的评价。相反，狭义一些的则是“**正义**”或“**不正义**”的判断。后者对法而言是决定性的。这种限缩来自于哪里？

正义是人类性情、行动、规范和制度的一种属性，包括其有意造成和无意造成的结果。但正义与其他那些同样能使得一个行动成为好的属性，如睿智、适度、勇敢、理性、合目的性或友好之间又有何区别呢？人类行动、规范和制度的这些其他属性完全可以**不涉及他人**。例如，我们可以在根本上首先只涉及自己的情境（如自身疼痛的情形）中，以睿智、慎重或勇敢的方式，因而以好的方式来采取行动，但这并非正义的行动。人们可以面对一场雪崩时采取睿智、慎重或勇敢的行动，但这并非正义的行动。我们可以以理性、有效，因而是好的方式去修理一件坏了的工具，但这并非正义的行动。

因而正义——这是决定性的，柏拉图、亚里士多德和托马斯·冯·阿奎那早已对此加以确认（柏拉图：《尤狄弗伦篇》12e6~8；《高尔吉亚篇》507a10；亚里士多德：《尼可马可伦理学》V3，1129b25 ff.；V，15，1138a4 ff.；托马斯·冯·阿奎那：《神学大全》，II－II，qu. 57，1；58，2）——**在概念上必然涉及他人，这意味着涉及值得给予道德和伦理考量的其他人格**。因此，正义是一种**相对于他人**之行动、规范或制度的属性，即一种**关系性的属性**。

共同体的行动总是要求这样一种对他人的关涉，

因而要求一种关系性的属性。这也适用于必然取向于他人的法。自我指涉的规章，如社团的章程，只是看上去是个例外，因为在这里社团相对于作为他人的具体成员而言也负有义务。故而对于法而言必然会提出其正义与否的问题。

如果对他人的关涉对于正义而言是必然的，那么看起来为了理解正义，首先就必须来澄清这一特征，即与他人之间的根本性关系。但关系在根本上要通过其**关系成员**或者说**关系方**来刻画，即便不完全如此。因此对于正义而言，同样首先必须去确定可能的关系方。如果出于简化问题的考虑，在世俗伦理学的框架内不去考虑上帝和其他超人类的生物，那么留下能作为正义关系之关系方的就只有人类了。根本性的正义关系在于：A 拥有的性格属性、实施的行动或制定的规范，相对于 B 要被评价为正义的。B 相对于 A 而言也需如此，以至于存在这样一种行动上的相互关系：

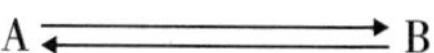

传统上称之为“一般正义”或“普遍正义”（亚里士多德：《尼可马可伦理学》1130b6 ff.；托马斯·冯·阿奎那：《神学大全》，II–II，qu. 58，6，7）。

迄今为止，正义的问题没有与一般规范伦理学框架内对他人的考量区分开来。然而，它蕴含着四种限制：首先，“正义”的判断是一种**评价**，而非义务。但就像其他伦理评价一样，从正义评价中无法毫无疑问的推出一种相应的义务（冯·德尔·普佛尔滕：《描述、评价、规定》，第280页及以下）。故而，如果一种情形被评价为不正义的，那么这尚不意味着在逻辑上有改变它的义务，甚至在事实上也没有改变它的义务，因为或许例如这种改变是不可能的，是不合比例的，或者负担义务者还没有被确定。

其次，正义**不包括纯粹的好的生活即风俗的问题**。好的生活的问题并不以伦理的视角涉及他人，无法导出绝对的义务。一个好的生活的问题，例如，某人想与他人下国际象棋。这不可能是正义的问题，无论如何无法从友谊或约定中产生一种道德义务或法律义务。

再次，正义**不包含对己义务**。故而即便人们会假定这种对己义务，它也绝不可能是正义的对象。

最后，正义不评价超义务的（**额外的**）**行动**。超义务的行动可能在道德上、伦理上，从特定视角来看或许也在法律上是好的和值得追求的。但它不能够被评价为正义的。

第一，大概由于这些限制，正义的概念在普通的个人伦理关系中获得不了特殊意义。

例如，如果A毫无理由地侵犯了B，那么就可以说A不正义地对待了B，但人们更愿意称之为道德上恶劣的、不道德的或不合伦理的行为，甚至是“侵害”。只有在一种更狭窄的理解中，即当宽泛的**平等**理念补充进来作为**狭义的正义**时，正义的概念才能获得更强的意义（亚里士多德：《尼可马可伦理学》V, 1129a26 ff.）。为此可想象出两种原则性的选择：

（1）A与B之间的各种关系可以彼此比较。故而人们不仅可以孤立地追问，A是否正确地对待了B或B是否正确地对待了A，同样也可以追问，A和B的相互对待是否满足了**平等**的理念。就此而言，各自孤立开来的A之于B和B之于A的对待在伦理上可能是无可争辩的，如果它们相较于彼此被评价为不平等的，因而——如果平等是正义的一个方面的话——是不正义的。例如A可能在商业往来中特别友好地对待B，而B只是以通常的方式对待A。孤立开来看，双方彼此对于对方的行动在伦理上都是被允许的。A以某种超义务的方式来行动，而B以合乎义务的方式来做事。但鉴于平等的理念，双方行动之间的关系可能会被评价为不正义的。B通过A对他的特别友好的行动获得了好处。

如果两个行动彼此间没有关系，那么人们还不会将这种好处视为是不正义的。是否以通常的方式对待 B 且不做超义务的事，这听任 A 为之。但如果两个行动彼此关涉，那么就会出现一种相互交换关系。A 行动是因为 B 行动，反之亦然。假如如此，那么就几乎必然会产生对平等的期待，因为无人可以毫无理由地从这种交换关系中获得好处。故而，如果 A 和 B 有意交换某种东西，那么他们就通常会提出对平等对待的正当期待，只要不存在相反的理由（例如效率导向的经济系统的规则，或个人自治的假定）。就此而言，交换可以涉及一切可能的行动和利益。两个人之间的狭义上正义的这种基本形式是相互间的**交换正义**。比如它就规定了契约的法律形式：

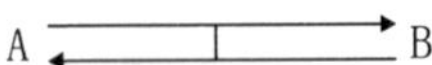

为了简化展示方式，A 和 B 之间在某种交换中相互关系的这种联系将用双箭头来复述：

就此而言，平等或不平等可能首先涉及的是**顾及**，即顾及平等或不平等；其次涉及**行动**，即平等对待或不平等对待；再次涉及行动的**关涉者**和**结果**，

即给予平等和给予不平等。

在这里必须注意的是，现代社会出于自由和效率的考虑创设出了经济交往的领域，在其中交换关系中平等的要求被放松了，如果不是完全被抛弃的话。现代私法通过其个人自治和契约自由的原则来保障这一点：例如，如果两个具有行为能力的成年人自愿达成一种契约型交换关系，而从客观的角度看来——总是可能如此——对其中一方不利，那么尽管如此契约也具有拘束力，只要不存在像错误、欺诈、胁迫、背俗、违反诚信等额外情形。故而，谁要是例如出于好心情买了一辆索价过高的敞篷轿车，就必须支付价款，即便依据市场价（如依据所谓“施瓦克清单”对于二手车的参考价）出价与对价并不相等。

（2）但在两个人 A 和 B 之外，可能还有与行动相关的第三极。这里同样存在两种可能。一方面，这个第三极可能是第三人 C，另一方面，可能是已参与者 A 和 B 组成的**共同体**。

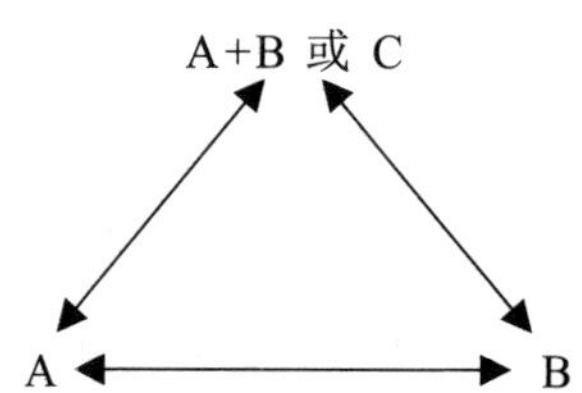

然而，仅仅添上这第三极还不够。毋宁说，只有当考虑到那种终究只能以三人关系或多人关系来表明的视角时，才能谈及狭义上的正义：平等或不平等的问题涉及添上的第三极，即C或A和B的共同体。平等或不平等的视角导致，A和B的关系相对于正义极C或A和B获得了一种特殊维度的正义，即在简单的伦理关系和交换正义（及其相互平等的命令）的关系之外添加上了另一种维度的平等：

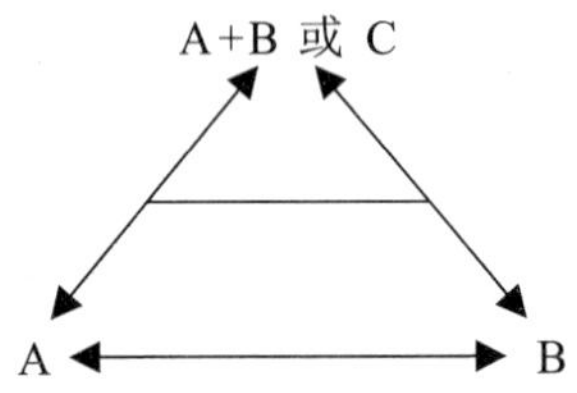

在此，在添加上第三人C时，正义的特殊面向，即正义极，在那种个人伦理关系中并不永远是由C针对A和B来确定的，而自然也可以在其他情境中存在由A针对B和C，或由B针对A和C的情形。举一例：如果A、B和C彼此相邀加入一个拼车团队，那么除了通常的合乎伦理地对待他人的义务之外，还提出了开车负担比例之平等或不平等的问题。必须要注意，所有人通常都要以大体相等的时间来开车。

如果第三极来自于A和B，那么它的特殊性又何在呢？A和B相对于第三极的关系不同于纯粹的交换正义，它是一种具有三方的**社会**正义或**政治**正义：A和B可以对他们的共同体A+B做出同等或不同的贡献。这是**贡献正义**（2）的特殊面向，如在不同人对某个共同体付税的情形中。

但平等义务也可以采取相反的方向。A+B从根本上被要求平等对待A和B。这是分配正义（3），如依据教育法分配入校名额，或基于特定发展计划分发奖学金，但也包括参与共同体或政治的决策。我们同样必须依照待追问的行动方向，通过图像分解相对于正义极的各种不对称性：

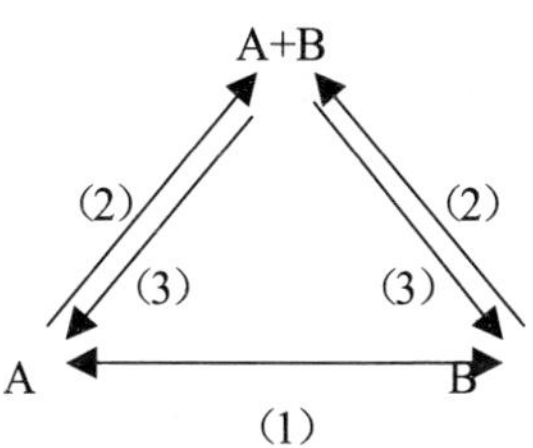

在一种特殊情形中，A+B相对于A和A+B相对于B这两种关系的可能结合要引起特别的注意：即当共同体A+B的行动直接指涉A和B之间的关系时，无论它是交换关系（1）还是一般的伦理关系。相对于初始的正义关系，人们称之为**矫正正义**（4）：

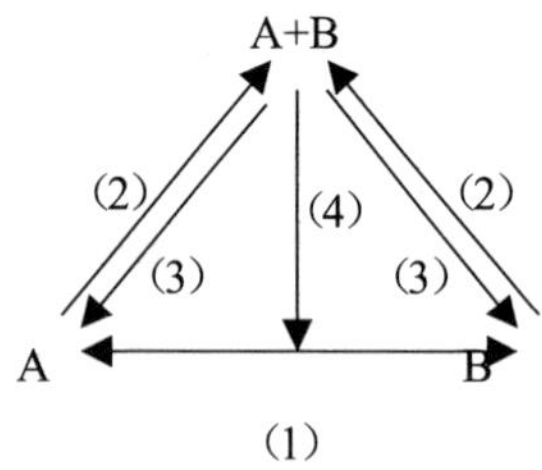

回溯到柏拉图、亚里士多德及其传统中，我们可以将这些共同体中的正义关系总结如下：

（1）交换关系或**交换正义**在传统中被称为“交换正义”（iustitia commutativa）。

（2）个人 A 和 B 相对于正义极 A+B 的关系早在柏拉图和亚里士多德那里（指涉政治共同体）就可以被找到（柏拉图：《查密迪斯篇》161b5ff.，《理想国》370a4；433a1ff.，《第九封信》，《阿基比亚得斯篇》I 127a 14ff.；亚里士多德：《尼可马可伦理学》V2，1129a 33f.）。相应的正义在中世纪被称为“法定正义”（iustitia legalis）（托马斯·冯·阿奎那：《神学大全》II-II，qu. 58，6，9 ad tertium）。就像刚才所说的，更好的说法是“**贡献正义**”，因为它所期待的不仅是遵守制定法，而是一种贡献。

（3）正义极 A+B 相对于各自不被视为正义极的个人 A 和 B 的关系，同样已经被柏拉图所提及（《理想国》433e12 f.，参见 II. 2），但主要是由亚里士多德细致地提出的（《尼可马可伦理学》V5，1130b33ff.）。它在传统上被称为“分配正义”（iustitia distributiva）（托马斯·冯·阿奎那：《神学大全》II-II, qu. 61, 1ff.）。德语的翻译是“*verteilende Gerechtigkeit*”或“*Verteilungs-gerechtigkeit*”。

（4）正义极相对于至少两个人之间关系的关系被称为“矫正正义”（iustitia correctiva）或“交换正义”。相对更宽泛的称呼，“矫正正义”（*korrigierende Gerechtigkeit* 或 *Korrekturgerechtigkeit*）应当被优先选择，因为一方面并不总是会发生交换，因为正如已然提及的，矫正也可以指涉广义上正义的简单行动；另一方面，（如果使用“交换正义”的称呼）就会有与关系（1）中的交换正义发生混淆的危险。

借助于正义的这四种结构规定中的每一种，我们必须来对具体冲突作出决定，即关涉者的欲求应当如何依据法来权衡。这意味着，这里所展示的形式性的正义关系必须在内容上或质料上得以具体化。对此在下一节中还要说很多。这里只是要点出，每个具体的共同体都有必要来决定，要将哪些质料从交换正义关系（1）转移到共同体关系（2~4）之中。

第二，在现实中，尤其在政治领域，存在大量共同体。

这些共同体可以通过两种根本上有别的方式彼

此联系：①通过如个人间的简单关系，或②作为一个更大的共同体的一部分。这一差别导致了要么是对纯粹交换正义之正义关系（1）的**重复**运用（5），

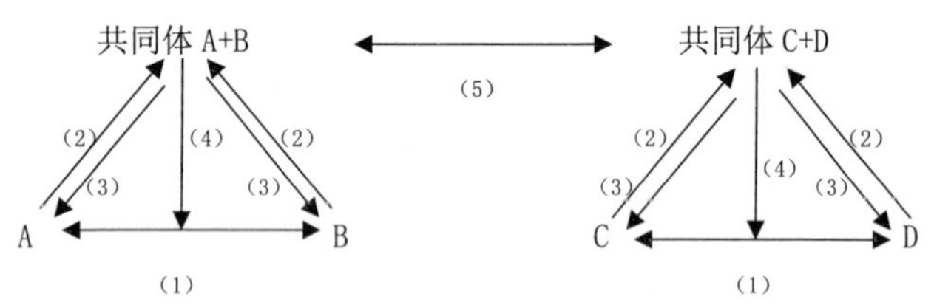

水平扩展模式

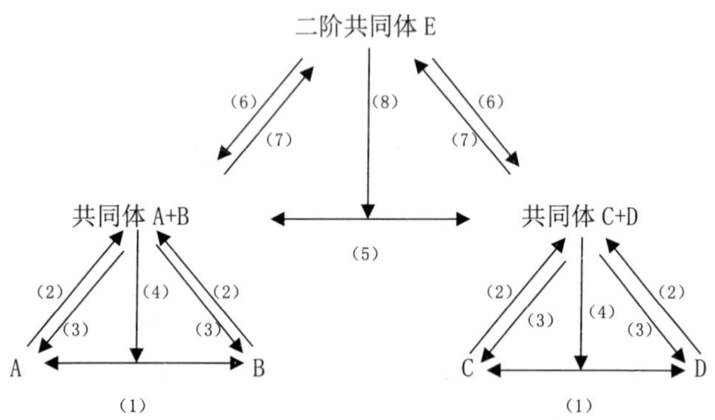

垂直扩展模式

要么是同时对贡献正义、分配正义和矫正正义的**重复**运用（6~8），即要么是一种纯粹的水平扩展，要么也包括垂直的扩展。

共同体的这种联结在理论上通常可以被随意重复。故而有可能形成一种共同体的阶梯式人工瀑布。例如它存在于现代国家之中。如我们观察到城市、

乡镇、地区、州和联邦这一日益复杂的多个层次的体系的发展（所谓多层体系）。此外还有国际和全球的层面。

这幅图景是复杂的。但现实要更复杂，因为不同的共同体层面**并不是不可穿透的**。故而个人通常不仅要面对第一阶层的共同体，也要面对与贡献正义、分配正义和矫正正义（9～11）拥有直接关系的第二阶层的共同体：

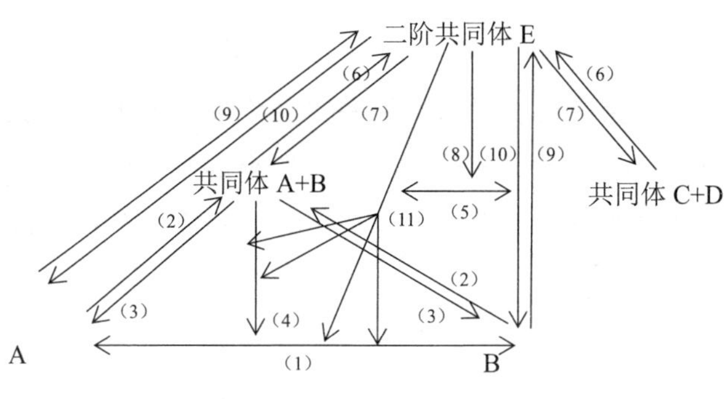

额外扩展模式

构造更复杂之共同体阶层的两种核心现象——**重复**与**可穿透性**——导致了关于正义之内容问题的决定性后果：我们不仅必须考虑从内容上填充关系方之间的关系（下一节再来论述），而且同样要追问，应当如何来塑造更高层面的重复和可穿透性，也即，究竟这些关系中的哪些才应被创设出来。例如，如果将这一洞见运用于国际层面的正义问题，那么至少会产生如下选择：

（1）纯粹的民族国家多元论（所谓“现实主义”）。故而这里依然是简单的国家间交换正义（5）的关系（黑格尔：《法哲学原理》，§§ 321 ff.；摩根索：《民族间的政治》）。

（2）发展联合国和其他具有实效之制度——即同时包括关系（6~8）的二阶共同体——的全球性机构。

（3）创设作为更高阶层之共同体的全球性机构，它们不仅调整国家间的关系，也调整具体国家及其公民间的关系（关系 9~11）。联合国和其他全球性机构将如今天一样连续地处理具体国家与公民之间的直接关系。

在全球层面上，我们今天可以确认第二层面的某些方面，也可以发现向第三层面过渡的一些迹象，如他国或联合国组织和北大西洋公约组织的所谓对人权保护的人道主义干涉，以及国际刑事法院的创设。

3. 正义的原则/规范伦理学

形式性的正义关系必须要从内容上或实质上加

以填补。这意味着，必须要考虑交换正义、贡献正义、分配正义以及矫正正义各自如何能够和应当在法中以及通过法被实现。就此而言要顾及前文提及的法作为手段的特殊性（II. 8）：除了思维、语言和规范性外，尤其是那些使之与其他社会规范秩序，如惯习、道德、政策和宗教相界分的属性，即它的绝对性、外部性、正式性和固有性。具有绝对性和形式性的法可能会与例如人格自由相冲突，故而人们最好只用惯习或者激励措施或奖励来实现正义。

在此，决定性的观点在于，法在根本上服务于与其他社会手段或规范秩序，即惯习、道德、政策和宗教等相同的目标，即调和可能相互对立和矛盾的欲求。正因为如此，完全可以来拟定一种充分的法伦理学来作为涵盖所有这些社会手段或规范秩序之一般规范伦理学的一部分。这里的出发点在于，法与这些其他规范秩序一样，总是涉及**关涉他人**之行动的好坏问题。如果我们出于简化问题的考虑，将非人类的生物排除在考量之外，那么问题就在于：为了公正地对待他人，必须如何来塑造法？因为法总是出现于共同体之中，无论它是否仅是契约共同体，这一问题还可以由于考虑到这些共同体而表述得更具体些：**为了公正地对待他人，必须如何来塑造共同体中的法**？

有**两种根本性的选择**可供作答。创制法的共同体要么可以将涉及的他人**作为有其个人欲求或利益**的个体来予以考量，要么可以只将他们**作为某个集体的一部分，因而考量这个集体**。第一种选择可以被称为**规范个人主义**或**人本主义**，第二种选择可被称为**规范集体主义**。

规范个人主义或**人本主义**主张，**只有个人才能成为正当的伦理义务或评价的最终出发点**，因而作为行动者或他者成为一种充分的规范伦理学的第一要素，共同体，如民族、人民、社会、家庭、家族、商谈共同体、生态系统或生物圈则不能。故而伦理上要被考虑的他者最终一定是男女个体。在此涉及的是——必须要强调——**在规范上**考量为个体。毫无疑问，所有人**在事实上**都生活在或多或少紧密的共同体中。

相反，**规范集体主义**主张，道德规范、规则和评价可以在某个集体，即国家、民族、人民、家族、家庭、社会、经济、语言或文化共同体、邻里、商谈共同体、生态系统、生物圈等之中找到其最终的证成依据。故而相对的规范集体主义的立场意味着，具体义务的证成依据至少最终**不**应回溯到各个相关的个体上去，而只要立足于共同体即可。

在此无法详细探讨规范伦理学的这两种根本性

选择（参见冯·德尔·普佛尔滕：《规范伦理学》，第23页及以下）。然而，人们应当看到，从近代以来，无论是规范伦理学的主要思潮还是法——有某些迟滞性时刻——**都在越来越多地实现着规范个人主义或人本主义，即将个人提升为伦理义务的最终环节**。即使是在古代，也已经可以发现向规范个人主义迈出的第一步了。

通过一般性的观察可以发现，许多近代的伦理学至少在出发点上或在许多特征上与规范个人主义相吻合，如康德主义或义务论伦理学、功利主义，也包括契约论伦理学（契约主义）。只有在美德伦理学那里关系才复杂一些。

4. 义务论伦理学/康德主义

以**康德主义**作为主要代表的**义务论伦理学**主张义务在伦理上是至关重要的。如何来证立这些义务？在康德看来，个人的**良善意志**是一切义务的出发点。只有良善意志才是独立于一切偶然影响和结果的，也才绝对是善的（《道德形而上学的奠基》，第393页）。良善意志的唯一标准是个人心中的道德法则。康德将道德法则具体化为绝对命令以及作为核心标准的可普遍化原则："只应当这样来行动，使你的意志所遵循的准则能同时成为一条普遍的法则”（第421页）。依据康德关于绝对命令的第二个公式，无论是行动者还是每个他者作为人（更准确地说：作为他们所体现的人类）都不得被“用”作纯粹的手段，他们在任何时候都必须同时被作为目的（第429页）。依据绝对命令的第三个公式，一个理性存在者的世界作为目的王国，只有通过“作为成员的所有人的自我立法”才有可能（第438页）。故而这一法则的普遍性要求顾及所有自治的个体。因而康德的伦理学无疑是规范-个人主义式的。然而，康德将有待关注之个体的范围限定于理性存在者，从而排除了没有理性的生命，如动物，作为伦理辩护之终极来源的可能。

在政治哲学中，康德将政治参与权与选举权限于成年、男性的独立者（《道德形而上学》，第314页以下）。但我们必须清晰地区分政治参与的可能与（对他人）应予的顾及与责任。无疑，康德的观点是，妇女、儿童和不独立者作为具体的理性存在者，要在伦理、道德、政治和法律上被顾及。

在法伦理学中，与在一般论理学中一样，康德的**规范个人主义**也是清晰的。对于康德来说，法的概念或任务——就像在 II. 3 中已然看到的——在于按照普遍的自由法则将一个人的任意与其他人的任意统一起来。

故而康德在一般伦理学和法伦理学中都通过**可普遍化原则**来对规范个人主义进行具体化。在今日之伦理学的理论讨论中，这一可普遍化原则作为调和相互对立之利益的基本原则是有争议的。在康德的变种中，它导致了当某个行动同时预设并破坏着一种共同体实践或制度时对禁止和命令的证立，也即是说，只有借此才能达成目标：它并非一般性的行动实践，如撒谎或不真诚的承诺。这尽管令人信服，但只有很少一些与共同体制度相矛盾的行动才能以这种标准被排除掉。甚至是作为核心伦理规范与法律规范的一般性杀人禁令也无法以这种方式得到证立，因为杀死他人的企图在逻辑上并不以此为前提（思维矛盾），或者在实践上也不必然只以此为前提（意愿矛盾）：没有其他人试图杀死行动者。一个偶尔相互间具有杀人企图的社会尽管不符合我们许多人的根本利益，但在原则上并非是矛盾的。

如果以这种形式来理解可普遍化原则，即"如果每个人做某件事 x 的后果都是消极的，那么就没有任何人应当做 x"——即在辛格（M. G. Singer）的"可普遍化论据"的意义上来理解（《伦理学中的可普遍化》，第 86 页）——那么它就已然限缩于**后果评价**了，而只有在一些情形中后果的叠加才是重要的，如在禁止踏入一块草坪的情形中，因为如果所有人都踏入，草坪就会被踩坏。但即便在那类情形中，可普遍化原则也不是普遍适用的。因为许多行动尽管可能当所有人都实施它时它就是消极的，但可能并非所有人都愿意这样去做，故而不应当不考虑这一点。因而不清楚的是，为什么某些人认为应当阻止这一行动（比恩巴赫尔：《伦理学：分析性导论》，第157页以下）。例如，如果当所有人都获得制造特定化学产品的营业许可，的确会产生放射性污染这种消极的整体后果，但这当然不足以来证成拒绝颁发给某些人这一营业许可的行为，如果原本就只有很少一些人想要申请获得这一许可，且通过少数人的这种营业实践不会出现更严重的消极后果的话。故而可普遍化原则尽管可能在具体问题——在其中它同时预设并破坏着一种一般性实践——上是令人信服的，但要作为法伦理学的一般权衡原则，因而作为法伦理学唯一的权衡原则则并不令人信服。

5. 功利主义

对于**功利主义**或**后果主义**（**目的论伦理学**）而言，所有人的**最大利益**，或者更一般性地说，**某个行动或规整的最佳后果**在伦理上具有决定性。古典功利主义的出发点在于相关个人的**快乐**和**痛苦**，故而至少在起源上是规范-个人主义式的（边沁：《道德和立法原理导论》，第1页以下）。在此基础上要调查**利益的总和**。即便像现代偏好功利主义那样，将**偏好**而非快乐和痛苦视为决定性的，这也改变不了其规范-个人主义式的出发点（辛格：《实践伦理学》）。

然而，使得具体行动最大化的命令就已然不容许在一种个人的层面上来进行广泛的人生规划了（尼达-吕梅林：《后果主义批判》）。此外，如果加以普遍应用，功利主义的最大化原则可能会与规范个人主义相矛盾，因为它只是将相关个人的有疑问的行动及其利益作为出发点，但却没有将它作为权衡的目标来认真对待。它允许在特定情形中，为了整体利益的最大化，必须部分甚至全部放弃掉对具体个人之同等利益或相同权重之利益的满足，因而否定了人的个性。例如，尽管违反承诺或契约会产生更大的好处，但我们依然期待它能得到遵守。

在此也不存在任何认知上或道德上的那种苛求，它可以通过一种双层策略得以避免，例如理查德·黑尔（M. Hare）所建议的那样（《道德思维》）。黑尔最终只想让功利主义最大化在次级层面来实现，而在初级层面上应当由被普遍认可的道德和法律义务来发挥作用。在许多冲突情境中，功利主义最大化这一解决办法毋宁**在根本上是不当的**，也即是当个人欲求在原则上不能位于集体最大化之下时。在一些情形中，对根本欲求，如躯体、生命、身体和心理的完整性的限制是无法得到证成的。这些欲求首先涉及的是伦理、道德和法律上的权利。例如，对刑讯的根本禁止就是对普遍最大化施加这种限制的结果。

因此只有在某些情形中，即不违反重要的个人欲求（首先是个人权利）的共同计划中，最大化原则才似乎能作为唯一的权衡原则得以证成。只有在不强烈损害个人权利的共同体决议和/或政治决议中，如某个城市申请奥运会、改善道路网、公共部门的财政预算等，它才能得到正确的运用。

6. 契约论/商谈理论

契约论（契约主义、同意论）将**假想的契约**作为规范伦理学的核心，因而作为为义务和评价进行辩护的来源。霍布斯、洛克、卢梭、罗尔斯、高蒂尔（Gauthier）和斯坎伦（Scanlon）等人提出了它的诸多变种，尽管它们在细节上存在某些差异，但出发点总是在于个人，这些个人最终被拟制为缔结契约的主体。差异则在于这些问题：应当如何理解个人。他们身上的哪些属性应当是决定性的，以及如何来解释缔约的过程。依照契约原则或同意原则的一个现代版本（由托马斯·斯坎伦提出），**当且仅当在特定情形中实施某个行动被调整行为的任何一些原则所禁止，且无人能够以理性的方式来反驳这些作为基于知情、无强制和普遍同意之基础的原则时，这个行动在伦理上就是错误的**（《我们相互之间亏欠什么》，第153页）。在此，“理性的”不应像在许多其他理论家那里一样被理解为相对于行动者之目标的“目的理性”，而是在各个需被考量者那里要以特定数量之信息和相关理由为前提。

如何评判契约论？虽然契约原则或同意原则就像迄今为止所谈论的伦理学一样要求对个人欲求进行权衡，因而无疑也是规范-个人主义式的，但契约原则本身并不能说明应当**如何**来进行权衡。契约原则本身并没有提供任何具体的权衡原则，以便能从内容上对个人欲求间的必要调和进行确定。如果某个行动被任意一些无人能以理性的方式来反驳的原则所禁止，就将它评价为错误的，这与所有可能的具体权衡原则都是相容的，如康德的可普遍化原则、功利主义的最大化原则、平等原则、帕累托最优原则（如果能在改善个人处境的同时并不使得他人的处境更糟糕，这种不平等就是正当的）或者罗尔斯的最佳原则或差别原则（参见II.4）。罗尔斯依然相信，在所有公民的一种初始、虚构之选择的框架内，契约原则能证立最佳原则（《正义论》，第 27 页及以下、第 81 页及以下），而其学生斯坎伦则拒绝将最佳原则作为伦理学一般原则的证成依据（《我们相互之间亏欠什么》，第 223、228 页以下）。

缔约的实际执行（它在个别冲突中理所当然会导向具体的结果）在此无法替代缺失的权衡原则，因为借此尽管从事实上解决了个案中的冲突，但这一事实上的解决办法却无法证成任何规范-伦理上的一般权衡原则，因为，为什么其他个人在规范-伦理上应当受到谈判程序中之稳固性或灵活性，也即是契约伙伴的各种谈判技巧的拘束呢？

于尔根·哈贝马斯（Jürgen Habermas）曾提出下述**商谈原则** D："每个有效的规范都必须获得所有相关者的同意，如果这些相关者只会参加一场实践商谈的话"（《是什么使得一种生活形式是"理性的"?》，第 32 页）。如果说斯坎伦只是将所有相关者之假设**反驳的不可能性**视为标准的话，那么哈贝马斯则要求一种**假设的同意**。两者实际上是否存在差别，取决于这样一个问题：假设的反驳或同意在多大程度上彼此矛盾抑或只是相互反对。除去这一有所不同的表述，契约原则与商谈原则之间在本质上并不存在明显的实质差别。故而上文所复述的对契约原则的评估也同样适用于商谈原则。

然而，哈贝马斯还引入了一个普遍化原则“U”作为“论证规则”，它作为如下“简朴公式”的出发点服务于 D：“每个有效的规范都必须满足这一条件，即出于满足**每个**人的利益而对它的**普遍**遵守所产生之可预见的结果和副作用，可以被**所有**相关者无强制地接受”（同上引）。这一公式要比商谈原则更严格，因为它限于“结果和副作用”，即后果。但鉴于义务和行动实施行为在伦理上的相干性，这样一种限于后果的做法无法得到证成。如果除去这种通过普遍化原则 U 的后果主义限定，那么商谈伦理的要求显然只能逐渐变为事实上的商谈和共识，以及关于契约原则的法定商谈条件。这一商谈和共识的要求可以被证成为实践要求，只要人们将它理解为对顾及所有相关个体之义务的具体化。在具体的道德或法律冲突中要利用所有的沟通手段来辨识、实现相关者的欲求并使之相和谐。但由此尚未回答一种充分的伦理权衡原则（究竟为何）的问题。事实上贯彻某个商谈和事实上取得某种共识尽管可以现实地解决一个冲突，但这样一来，在寻求事实上的冲突解决办法这一命令之外，就不需要任何法了。只有当冲突**无法**通过事实程序和事实上的共识被消除，例如因为冲突双方固守自己的立场时，法才会是相关的。想要实施谋杀的谋杀者与不想被谋杀的受害人之间的冲突无法通过商谈和共识来解决，而只能通过绝对的法律命令及道德命令，即除了正当防卫或紧急救助的情形外不得杀人来解决。但这种杀人禁令无法通过虚构的商谈和共识来获得伦理上的证成，因为假设的商谈或公式无法确定具体的权衡原则。

7. 美德伦理学

对于美德伦理学而言，**行动者的性格**具有决定性。故而美德伦理学的焦点首先并不在于某个行动所涉及的他者。然而涉及的这一他者在一个次级的层面上依然是相关的。因为不能排除，甚至很有可能的是，这一他者的愿望与目标不仅取向于行动及其后果，而且也取向于那些行动者（他们的行动涉及他）的性格特征。为何如此？每个人通常都可以确定，当行动者（他们的行动涉及他）拥有良好的性格，如机关工作人员、法官与官员不腐败、不利己，并收心内视其活动的职业伦理标准时，他的愿望与目标就不会被忽视。就此而言，每个人都希望，法律行动者拥有或能发展出这样一种良好的性格。这一愿望是否正当、何时正当，是个视具体情形而定的问题。

在美德伦理学中，要区分古典版本（如柏拉图和亚里士多德的美德伦理学）与当代版本。柏拉图的城邦正义伦理学及其基本原则，即每个人都应当为城邦做出力所能及的贡献（II.2），尽管也求助于个人行动者，但总的来说主要取向于共同体的福祉。但即便在柏拉图那里这种共同体导向也已在不同视角下被相对化了：个人的需求导致了对城邦的证立（《理想国》，368e2）。除了国家的正义外，要考虑的还有个人的正义（《理想国》，368e2）。照料个人的心灵和高尚品德是城邦的一个目标（《法律篇》，631c5～8，963d2，965d3；《米诺斯篇》，321d1～3）。

当亚里士多德将幸福置于伦理学的核心时，他就强化了这种规范个人主义（II.2，《尼可马可伦理学》I 1095a18）。与要求每个个人承担为城邦做出力所能及之贡献的义务相反，亚里士多德强调“各得其所”原则（II.2）。继而在当代美德伦理学中，重心明显放在了具有美德的个体及其内在秉性、性情和动机上（斯鲁特：《美德伦理学》，第177页）。故而当下的美德伦理学大体上遵循了近代伦理学向规范-个人主义式观念发展的一般趋势（但有某些迟滞性时刻）。

然而，它也有所有以行动者为中心之伦理学所共有的缺陷，即没有充分虑及有关行动的具体选择和实施以及后果。这一缺陷在社会伦理学或法伦理学显得尤其消极，因为这两类伦理学主要涉及的不是私人关系，而是对共同体关系或一般共同体的塑造。故而在法伦理学的框架内，美德伦理学只能逐点导向证成或解决办法，如考虑到法律职业伦理（法官伦理、官员伦理等等）。

8. 规范个人主义伦理学

那么，一种充分的规范伦理学或法伦理学是什么样的（参见冯·德尔·普佛尔滕：《法伦理学》、《规范伦理学》）？一种充分的规范伦理学必须至少包括五个要素：①将规范个人主义作为出发点，据此，法律规范最终只能通过回溯到所有相关的个体及其属性来加以证成；②考虑所有这些相关个体的目标、愿望、需求和追求（欲求或利益）作为证成属性；③这些欲求以及道德规范和价值特征的多样性，这一多样性基于我们最广义上之行动的所有可能的要素之上，即不仅包括康德的良善意志、美德伦理学中的性格或者功利主义或后果主义中优先被考虑的后果；④针对个人的这些欲求的权衡或归纳原则在原则上的必要性；⑤最后，在此作为核心性权衡或归纳原则来进一步加以探讨的唯一要素，即**个人欲求之个**

人相关性、他人相关性或共同体相关性原则。它说的是：**一个道德上应被顾及之个体的欲求或利益在形成或实现过程中越是必然强烈地依赖于其他相关者或共同体，这一个体就越是必须通过权衡来自我相对化，或者共同体就越是能依照共同体的目标来做出判断**。

“在形成或实现过程中强烈地依赖于其他相关者或共同体”是什么意思？这种依赖性可以产生自两个原因：①**过去导向的**，因为涉及他人的特定实践或在特定共同体中的特定实践是塑造欲求的必要形成条件，例如，特定运动类型如慢跑的趋势构成了想去慢跑之愿望的条件；②**未来导向的**，因为特定实践只有与他人一起或在具备其惯例的特定共同体中才能被实现，例如与他人交谈、合作，或者在特定城市中利用某种公共交通工具的利益。

人们可以将相对的个人依赖性、他人依赖性或共同体依赖性以理想类型的形式想象为一个连续体。位于它一端的是**极少甚或不必然依赖于各个相关的他人或特殊共同体**，而至多只是通过它们偶然得以提升的欲求，如人的尊严、个人的物理生命、其身体的完整性、其根本性的思维与意愿等。这些利益要在世界上所有国家、所有文化和社会中被实现。适用于它们的主要是平等原则，因为在没有证成差异的前提下，个人及其个人欲求之间是彼此对等的。例如，以合乎人的尊严的方式被对待（如不被刑讯）的利益将各个几乎不依赖于共同体的利益联结于自身身体的完整性和自身的意志决定，因而在一定程度上提高了各自对于个人的强烈依赖性。因此，不被刑讯的利益最大限度地独立于相对化的权衡。

位于连续体另一端的是**几乎完全依赖于他人或社会共同体的欲求**，如与他人交谈、合作、一起运动、利用公共设施（如博物馆）或交通工具的利益，社会资助、共同家务、自然资源、维系共同体如婚姻、家庭、农村、城市、国家和民族的利益。适用于这些具有十分强烈之社会依赖性的欲求的主要是总体利益最大化原则，因为这些欲求对于共同体的依赖性证成了集体的决定。个人针对共同体关于个人的决定无法行使合法否决权。

在上述两个极端之间存在着例如以尊重的方式被对待、说明对于个人至关重要之事实、从事职业活动、自由表达思想、使用自身财物等利益。这些利益既不适用平等原则，也不适用最大化原则，它必须遵从一种公平的权衡，如依据帕累托最优原则或最佳原则。

继而我们可以在理想类型的意义上区分出欲求或利益的三种类型或三个域：①**个人域**的欲求，它在根本上或实践上不必然依赖于特定他人，主要包括人的尊严、身体、生命、物理和心理的完整性，即位于一种符号化的身体界限之内的欲求；②**相对域**的欲求，它部分必然依赖于他人或某个共同体，如一般行动自由、思想表达自由、宗教实践自由、艺术与学术自由、营业自由、在困境中获得他人帮助；③**社会域**的欲求，它广泛地或几乎完全必然依赖于他人或某个共同体，如在工作、生活、文化或体育活动中的共同活动、分工高度精细且依赖于基础设施的现代经济、自然资源的利用、社会机会的平等这些利益。

为了权衡潜在相冲突之欲求，除了援引相对的个人、他人或共同体相关性这一更抽象的基本原则外，人们还可以援引这三个域中的类型化。为此必须将潜在相冲突之利益归入这三个域中的一个。继而关键在于，欲求间的冲突是存在于**同一个域**，抑或存在于**不同的域**：

第一，在**相同域之欲求**相冲突的情形中，如下三个基本原则看上去具有启发性：

（1）如果是个人域之利益发生冲突，那么就适用平等原则。例如，假如生命与生命之间相冲突，那么所有相关者原则上都应得到同等尊重。没有任何理由认为某人的生命要高于他人的生命。故而不得为了某人的生命去伤害他人的生命。然而，谁要是有意地去威胁他人的生命，如恐怖主义分子，他就必须容忍对于这一威胁的防卫，在极端危机的情形中，它最终可以是有目的的挽救性射杀（为挽救人质而射杀恐怖分子）。

（2）在相对域之利益发生冲突的情形中，人们必须区分：对于个人行动之间的权衡，如两个人同时竞争一份职业活动，同样在原则上适用平等原则。没有理由认为，一种职业实践在原则上要比另一种职业实践更好或更重要。然而与在个人域中不同的是，人们同样必须顾及广泛的重要性视角。例如在私人交换财物的领域适用帕累托最优原则：没有人的境遇会变得更糟糕。但改善某些人的境遇并非不被容许。相反，公共分配财物的领域就必须采纳一种更强的共同体导向，因为分配前的财物必然是共同生产出来的。这里，罗尔斯的差别原则是一个很好的备选项。

（3）相反，在社会域之欲求发生冲突的情形中，会显现出他人和共同体之利益的特色：此时通常来说最佳化原则可以作为具有启发性的出发点。共同体可以遵循共同体利益之总和的最佳化，如在政治决议中。例如，新的街道应当建在那些能实现最大积极效果的区域，当然这里还要考虑到它为自然和风景带来的消极后果。

第二，在**不同域**之欲求发生冲突的情形中，权衡更加复杂，这里只能稍加提示：

（1）原则上，个人域之欲求相对于相对域或社会域之欲求享有**绝对优先性**，因为对于不依赖于或几乎不依赖于特定他人或共同体的利益，没有理由进行任何限制。如，不能为了提升大众福祉去损害他人的尊严，如对他们进行刑讯或侮辱。不得为了践行其职业、传布其宗教或实现共同体规划（如建造房屋等）擅取他人的生命或在自然风险之外威胁他人的生命。

（2）相对域的欲求相对于社会域的欲求同样拥有这样一种优先性，但它**并非绝对的**，而只是一种**相对的**和**原则上的**优先性。例如，人们必须承认，实施特定活动的个人愿望原则上相对于需共同协作的共同体规划具有某种优先性。个人可以自由来决定，他是愿意参与这种共同协作，还是宁愿独自一人或与第三方一起来做事。例如，他不得被强迫生活在一个国家，加入某个党派，在特定企业中工作等等。例如，只有当服兵役是为了保护某个政治共同体中的所有人且大多数人认为有必要时，它才是正当的。

9. 法中的规范个人主义

规范个人主义的伦理是如何体现在德国法之中的呢?

第一，在**宪法**中，1948 年的所谓基本法“基姆湖男人岛草案”以一个清晰的规范-个人主义式的条款起始，第 1 条第 1 款:“国家为了人而存在，而不是人为了国家而存在。”［《公法学年刊》（新序列）第 1 辑（1951 年），第 42~48 页］。这一表述只是出于风格方面的原因才没有被 1949 年 5 月 23 日基本法的最终版所采纳。因为在宪法的一开始不应当用那种“消极的宣告”。至于这一规范作为对纳粹集体主义犯罪之反应的实质正当性，则处于我们所考虑的问题之外了。

借由基本法第 1 条第 1 款，“人的尊严不可侵犯”被置于基本法的顶点。基本法第 79 条第 3 款宣称这一保护是不可变更的。除了人的尊严外，在基本法中，规范个人主义的具体化分布在两大分支之中:承认**人权或基本权利**，以及政治统治的**民主正当化**。这两种具体化方式各自都具有一种双重性:它们既是前法律性的，也是法律性的。

基本法第 1 条第 2 款宣告“不可侵犯与不可让与

之人权”为“一切人类共同体的基础”。基本法包含着一份详细和十分广泛的基本权力清单，它不仅包括德国人的基本权利，也包括相对宽泛的人权。只要想一想基本法第 4 条的信仰自由，以及基本法第 16 条 a 款的庇护权就可以了。基本法第 2 条第 1 款表述了自由发展人格的权利。联邦宪法法院十分宽泛地将这一权利解释为一般行动自由。基本法第 14 条确保了私有财产权。依据基本法第 14 条第 3 款，对财产的征收只能在有限范围内进行，并能取得赔偿。基本法第 19 条第 4 款保障了每个人针对公权力之行为能获得法律救济。联邦宪法法院法早就开放了个人的宪法诉愿之路。继而在 1969 年这一点被写进了基本法第 93 条第 1 款第 4 项 a 目之中。联邦宪法法院曾规定，保护个人的基本权利相对于所有普通法都具有间接第三人效力。它将比例原则承认为广泛的目的–手段权衡（原则），后者同样有利于个人。它还进一步发展出了基本权利之保护义务的维度。故而个人不仅可以防御国家对其私人领域的侵犯，而且根据宪法甚至享有请求国家介入以保护个人的权利。它要比美国宪法中的基本权利（依据那里的主流解释）所提供的保护来得更为广泛。

规范个人主义进一步的具体化体现在民主原则之中。为了理解这一原则，必须区分出四组个人，它们分别构成了先前那组人的子集：①国家行为涉及者；②公民或国民；③积极公民或有选举权的公民；④政治代表。

（1）第一组人，即法律规整的**涉及者**——正如已然看到的——是法伦理上相关的要被顾及的个人组成的群体。

（2）第二组人，即**公民或国民**，构成了作为立法权力（pouvoir constituant）和制宪机关（pouvoir constitué）的人民。基本法第20条第2款第1句的规定“一切国家权力来自人民”指涉的就是这第二组的公民或国民。在此，不得将“人民”理解为某个虚构的或现实的集体，而是要理解为个人，即联结为政治共同体的公民。出于正义和合目的性的原因，将政治权力仅回溯到践行它的相关者中的一部分人是正当的，因为政治共同体需要牢固和持久地联结在一起的成员。只有基于出生或出身属于某个政治共同体，或通过加入国籍长期对这一共同体负有义务，继而也持续承担责任的人，才能被正当地视为相关政治共同体之国民或选民的一部分。

（3）出于合目的性的原因（例如儿童无法作出理性的决定），第三组人，即有选举权和公决权的**积极公民**（基本法第20条第2款第2句，第38条第2、3款）范围更窄。但这一组人也可以被扩展，如在地区层面上的欧盟公民。

（4）最后，第三组人选举产生第四组人，即**政治代表**。

但在作出决定时，积极公民和政治代表当然都要从内容上顾及所有的相关者，也包括政治上不积极的人，如外国人和儿童，这指的是第一组和第二组的所有成员。即便是无国籍人和不属于积极公民的人也以各种方式成为法律调整的主体和客体。例如，他们拥有权利，可以缔结契约，会犯罪，等等。

第二，**民法**由**私人自治原则**来支配。私人自治原则在根本上就是规范个人主义的产物，因为可以肯定的是，每个各该当时的相关者都可以在一种社会互馈中保护其欲求。例如，私人自治可以具体化为**契约自由**、继承法中的**遗嘱自由**以及其他的**支配自由**，如授权他人或授予他人全权放弃其财产或其他权利的可能。

依照契约自由原则，每个契约上的拘束都以缔约方的同意为前提。他们可以选择，是否、和谁以及就什么缔结契约。他们可以单独决定，他们是否以及相对于谁有义务去工作，租哪套公寓，买什么。故而个人不仅被认为有能力借助于私人自治的规整去实现其利益，而且可以免于屈从于他人的利益，只要这与其意愿不符。因此，契约只能有利于第三方，而不能对第三方施加负担。

即使是**合同法**之外的私法也打上了规范-个人主义的烙印。例如这适用于**侵权法**。大量侵权行为的请求权基础。但也包括无过错责任的规范，保护的都只是个人利益：个人的健康或生命、其自由或财产，而集体法益，如环境或某个团体的名誉至少在这一领域并不被保护，或只是间接得到保护。

第三，在**行政法**中，规范个人主义打眼看上去并不那么清晰，因为行政法的一个目的恰恰在于，相对于具体的个人利益去实现共同体中相关者的无法具体分配的利益。故而，例如建筑法应当确定地皮的法定质量和可用性（建筑规划法），并服务于防止危险、毁坏以及确保满足所有居住者健康居住和工作之需的社会和经济标准（建筑保障法）。因此，建筑措施需要经过批准。“公共利益”的概念清晰表达出了这种共同体的欲求。

但作为第二个重要目的，行政法同样直接对个人权利加以具体保护，以防止来自行政机关和第三方主体的侵害。它以各种方式确保顾及个人利益，如在建筑法上相邻权之诉和公务员法上竞争者之诉的框架内。故而行政法的总体特征在于个人法定位，它是以一种“双重委托”来塑造的。

行政法之所以具有连续不断的直接或间接的规

范个人主义，由此即可知晓：它受到被打下规范-个人主义烙印的宪法和民主立法之实体和程序法规定的拘束。行政合法性原则及其部分内涵，即法律保留与法律优位，确保了这种拘束。行政法的其他具体的规范-个人主义印记只能被简要提及：主观公法权利的形成、行政法院之预审和诉讼程序的开立、各种参与权与听证权、缔结行政合同的可能。在特别行政法中要提到的有：建筑法中个人的建造自由、营利事业法中的营业自由、授权警察采取措施的必要性、关于地方自治的民主组织法。

第四，在**刑法**中，规范个人主义具体化为法益保护的需要。向规范个人主义的转变在关于性犯罪的改革中体现得尤其清晰。个人间不同的生活规划在今天比之以往得到了大得多的尊重：随着 1973 年的第一次重大改革，刑法典第 180 条中的“诱人通奸条款”被删除了，截至那时为止它禁止没有结婚的成年人在一间房间中一起过夜。充满道德色彩的称呼，如“乱伦”和“淫乱”被中立的语词（“亲属间的性交”、“性行为”）所取代。1994 年，“同性恋条款”（旧版刑法典第 175 条）被取消了。规范-个人主义式的视角在 1998 年同样对此起到了关键作用，即对婚内强奸施加刑罚。如果说此前婚姻共同体被置于对配偶个人的保护之上的话，那么今天的法律则对个人违反性自决的行为进行了规定。在现行刑法中，可以将第 173 条规定的“亲属间的性交”视为集体主义道德价值最终的避难所。但这一规范可以从规范-个人主义的角度得到证成：它通过这种潜在遵守的利益而得以正当化，即不去承担遗传病概率增高的风险。

10. 国家刑罚的正义

国家刑罚是**分配正义**或**矫正正义**的一种特殊情形。作为国家对个人最严重的影响，它需要在特别的程度上被证成。柏拉图就已提到证成国家刑罚的两种根本性选择（《普罗泰戈拉篇》，324a；《法律篇》，933e～934a）：**溯及式的报复**，因为犯罪人实施了一个犯罪行为（**“绝对刑罚理论”**），以及对未来犯罪行为的**预期式的预防**（**“相对刑罚理论”**）。在预期式的预防理论阵营内部又可以区分出**针对所有公民**的预防（**一般预防**）与**针对犯罪人本身**的预防（**特殊预防**）。一般预防要么可以作为**消极的**一般预防来恐吓犯罪行为，要么可以作为**积极的**一般预防来强化公民对法的忠诚。特殊预防可以**恐吓**犯罪人、**保护**（他人）免遭他（的侵害）或者使得他**再社会化**。

报复和预防这两种选择大体可被归入那两种根本

性的伦理学理论选择，即康德（《道德形而上学》I，脚注E，第331页及以下）和黑格尔（《法哲学原理》，§97~103，第185页及以下）等的义务论理论，和边沁（《道德和立法原理导论》，1789年，第12章及以下）和冯·李斯特（von Liszt）（《刑法中的目的思想》，第126~179页）等的结果主义或功利主义理论。但这种归类既不是历史性的，也不是十分清晰甚或是强制性的。故而，如切萨雷·贝卡利亚（Cesare Beccaria）曾在一种契约模式的基础上提出一种预防理论（《论犯罪与刑罚》，第84页），而保罗·约翰·安塞尔姆·冯·费尔巴哈（Paul Johann Anselm von Feuerbach）则基于一种康德主义立场的出发点提出了一般预防学说（《在德意志有效之共同刑法教科书》，§8，第16页）。

在一种高级阶段——康德和黑格尔的报复论以及费尔巴哈的一般预防论——之后，从弗朗茨·冯·李斯特发表于1882年的著名论文《刑法中的目的思想》开始，特殊预防论赢得了越来越多的拥护者，截至20世纪70年代初，它也越来越多地影响了立法与司法实务。但在确认再社会化的措施未能满足广大期待之后，就出现了某种程度上的觉醒。从那开始，毋宁说是报复和一般预防论再度兴盛。但同时，作为长期和稳定的趋势，从数十年前开始，结合论的数量就一直在增加。

无论是预防论还是报复论都可以被解释为规范个人主义的产物，因为作为潜在受害人的个人拥有这样的利益，即有效防止犯罪行为并得到补偿。一方面，犯罪人将由此被顾及：作为犯罪行为的潜在受害人，他也拥有对其进行制裁的利益。另一方面，对犯罪人施加违背其意志之影响的允许要受制于特定的保护性手段，如获得依法审判的权利和“罪刑法定”（nulla poena sine lege）及“一事不二罚”（ne bis in idem）的原则（基本法第103条）、剥夺自由时的法律保障（基本法第104条）以及刑法典施行法的规定。

11. 国际层面的正义

在本书的最后，对于国际社会的现实正义问题只能作一些提示：如果遵从规范个人主义，那么在共同体中就会产生如下主要目标：自由、平等、稳定和个人权利，以及公共福祉、公平和效率。在III.2中阐释的正义关系中，这些目标拥有不同的分量，如自由在交换正义和贡献正义中特别重要，而平等主要在分配正义和矫正正义中发挥着作用。

当国际关系从**第一层面**（关系5：纯粹国家间的交换关系）越过**第二层面**（关系6~8：国家与国际

共同体的交叠）转到**第三**层面（关系 9～11：国际共同体与公民个人直接关联）时，我们就可以在实质原则中确认一种相应的变化或为之辩护。例如，我们看到了从契约平等以及避免损害和帮助避免损害或损害赔偿的义务这些目标，向实质平等、公平、权利、效率和公共福祉这些目标的变化。这一转变不仅涉及国家，也涉及个人，如果到达国际共同体与公民个人直接关联的第三层面的话。

国际层面之正义根本上的实质问题在于：当人们从第一层面转到第二和第三层面时，也即是当人们将国家行为的权能转移到国际和全球层面时，个人及其欲求会得到更好的保护吗？这个问题没法得到统一的回答。人们毋宁必须对不同的政策领域进行分类观察：例如，**环境**和**自然保护**的问题在许多角度看来属于国际和全球问题，如温室效应问题，而**文化**问题在根本上属于国家问题，甚至是地区或地方问题，并应当停留于这些层面，假如人们不想招致乏味的文化统一性的话（辅助原则）。**安全**问题似乎位于上述两种选择之间。存在着对于安全的全球威胁，像国际恐怖主义，我们需要在全球范围内与之作斗争，但同时也存在着地方性挑战，像日常的种族主义，我们需要在地方的层面上与之抗争。

我们可以发现诸多理论，它们考虑到了国际社会之正义关系的不同发展可能性（参见前文 III. 2 末尾处）。

（1）完全停留于第一层面，即国家间的交换正义（关系 5），并且只承担积极的协助义务（罗尔斯：《国际法》）。

（2）主要在第一层面，即交换正义的层面（关系 5）上运作，但加上了避免损害和损害赔偿的义务（波格：《世界贫困与人权》）。

（3）也位于第二层面（关系 6~8）甚或第三层面（关系 9~11），即负有分配正义和矫正正义之义务的国家之间的贡献正义、分配正义和矫正正义的层面（欣施：《全球分配正义》）。

位于第一层面或关系 5 中的积极的国际协助义务是无可置疑的，也是没有争议的。当事实上发生损害或损害已经发生且还有严重的后果时，就存在消极义务和损害赔偿的义务。这是一个需要仔细加以研究的经验问题（波格：《世界贫困与人权》，第 112、199 页）。

位于第二和第三层面的全球分配正义和矫正正义取决于一种**全球共同体**的发展。故而关键问题在于，在全球层面上是否已经存在一个共同体。欧盟或许已经是现实意义上的一个共同体，但它依然没有超出其边界太远。相反，对于全世界而言，人们现在依然必须去质疑其共同体的性质（它同样会要求一种全球的分配正义与矫正正义）。虽然存在全球的交往和全球贸易以及全球第一个生产结构的范式，存在由联合国提供的全球争议处理机制以及 WTO 这一世界性贸易组织，也存在其他全球机构，如国际货币基金组织、世界银行和国际刑事法院，但迄今为止我们从国家和个人的视角出发，尚未达成对一种更强的相互义务和共同体利益以及对风险分担的明确共识。在全球范围内仍然一再爆发战争和暴力冲突，这排除了存在一种全球共同体的假定。即便是全球正义的支持者也不谈论什么全球共同体，而是在谈论“更紧密的经济合作”（欣施：《全球分配正义》，第 71 页）。故而结论是：我们有义务去扩大对其他国家的帮助，避免损害或进行损害赔偿。但现在仍然不存在全球共同体，来证成一种像在国家范围内或在欧洲共同体层面上有限范围内的那种再分配制度。但许多人都支持为建立这样一个全球共同体而进行长期的奋斗。可以预见的是，它会在遥远的未来出现。然而，为此第一个根本条件必然是，有效、持久地在全球范围内摒弃战争和暴力（它们是最严重之不正义的形式）。

致 谢

我要感谢德特勒夫·冯·丹尼尔斯（Detlef von Daniels）、菲利普·吉斯贝茨（Philipp Gisbertz）、菲利普-亚历山大·欣施（Phillip-Alexander Hinsch）、格茨·施米德尔（Götz Schmiedel）、阿斯特里德·斯特拉克（Astrid Strack）和弗里德里克·瓦普勒（Friederike Wapler），他们对本书的完成提供了富有价值的帮助、激励和纠正。

文　献

一、著作

1. 罗伯特·阿列克西:《法概念与法效力》(第 5 版),弗莱堡 2011 年版/Alexy, *Robert*, *Begriff und Geltung des Rechts*, 5. Aufl., Freiburg 2011.

2. 亚里士多德:《尼可马可伦理学》,斯图加特 1980 年版/Aristotles, *Nokomachische Ethik*, Stuttgart 1980.

3. 亚里士多德:《政治学》(第 4 版),汉堡 1981 年版/Aristotles, Politik, 4. Aufl., Hamburg 1981.

4. 奥勒留·奥古斯都:《上帝之城》(第 2 版),慕尼黑 1985 年版/Augustus, Aurelius, *De civitae dei/Vom Gottesstaat*, 2. Aufl., München 1985.

5. 约翰·奥斯丁:《法理学范围之限定(1832 年)》,剑桥 1995 年版/Austin, John, *The Province of Jurisprudence determined (1832)*, Cambridge 1995.

6. 切萨雷·贝卡利亚：《论犯罪与刑罚（1764年）》，法兰克福1998年版/Beccaria, Cesare, *Über Verbrechen und Strafen* (1764), Frankfurt a. M. 1998.

7. 杰里米·边沁：《道德和立法原理导论（1789年）》，米尼奥拉2007年版/Bentham, Jeremy, *An Introduction to the Principles of Morals and Legislation (1789)*, Mineola 2007.

8. 迪特尔·比恩巴赫尔：《伦理学：分析性导论》（第2版），柏林2007年版/Birnbacher, Dieter, *Analytische Einführung in die Ethik*, 2. Aufl., Berlin 2007.

9. 耶斯·贝加拉：《斯堪的纳维亚现实主义》，弗莱堡/慕尼黑1978年版/Bjarup, Jes, *Skandinavische Realismus*, Freiburg/München 1978.

10. 马库斯·图留斯·西塞罗：《法律篇》，斯图加特1989年版/Cicero, Marcus Tullius, *De legibus*, Stuttgart 1989.

11. 马库斯·图留斯·西塞罗：《国家篇》，斯图加特1995年版/Cicero, Marcus Tullius, *De re publica*, Stuttgart 1995.

12. 拉尔夫·德莱尔："法的概念"，载氏著：《法、国家、理性》，法兰克福1991年版，第95～119页/Dreier, Ralf, Der Begriff des Rechts, in: ders., *Recht – Staat – Vernunft*, Frankfurt a. M. 1991, S. 95–119.

13. 罗纳德·德沃金：《认真对待权利》，法兰克福1984年版/Dworkin, Ronald, *Bürgerrechte erstgenommen*, Frankfurt a. M. 1984.

14. 罗纳德·德沃金：《法律帝国》，剑桥1986年版/Dworkin, Ronald, *Law's Emprie*, Cambridge 1986.

15. 罗纳德·德沃金:《至上的美德》，剑桥 2002 年版/Dworkin, Ronald, *Sovereign Virtue*, Cambridge 2002.

16. 保罗·约翰·安塞尔姆·冯·费尔巴哈:《在德意志有效之共同刑法教科书（1800 年）》（第 7 版），吉森 1820 年版/v. Feuerbach, Paul Anselm, Lehrbuch des gemeinen, in *Deutschland gültigen peinlichen Rechts* (*1800*), 7. Aufl., Gießen 1820.

17. 约翰·戈特利布·费希特:《根据科学说原则的自然法权基础（1796 年）》，柏林 1971 年版/Fichte, Johann Gottlieb, *Grundlage des Naturrechts nach Principien der Wissenschaftslehre* (*1796*), Berlin 1971.

18. 约翰·菲尼斯:《自然法与自然权利》（第 2 版），牛津 2011 年版/Finnis, John, *Natural Law and Natural Rights*, 2. Aufl., Oxford 2011.

19. 朗·富勒:《法律的道德性》，耶鲁 1969 年版/Fuller, Lon, *The Morality of Law*, Yale 1969.

20. 于尔根·哈贝马斯:“是什么使得一种生活形式是‘理性的’?”，载《关于商谈伦理学的讨论》（第 2 版），法兰克福 1992 年版，第31～48 页/Habermas, Jürgen, Was macht eine Lebensform “rational”?, in: *Erläuterungen zur Diskursethik*, 2. Aufl., Frankfurt a. M. 1992, S. 31–48.

21. 理查德·M. 黑尔:《道德思维：它的层次、方法和要点》，牛津 1981 年版/Hare, Richard M., *Moral Thinking. Its Levels, Method and Point*, Oxford 1981.

22. 赫伯特·莱昂内尔·阿道弗斯·哈特:《法律的概念》，法兰克福 2011 年版/Hart, Herbert Lionel Adolphus, *Der Begriff des Rechts*, Frankfurt a. M. 2011.

23. 格奥尔格·威廉·弗里德里希·黑格尔:《法哲学原理，或自然法和国家学基础（1821 年）》，法兰克福 1986 年版/Hegel, Georg Wilhelm Friedrich, *Grundlinien der Philosophie des Rechts oder Naturrecht und Staatswissenschaft im Grundrisse (1821)*, Frankfurt a. M. 1986.
24. 肯尼思·希玛:“包容性法律实证主义”，载朱尔斯·科尔曼、斯科特·夏皮罗编:《牛津法理学与法哲学手册》（第 2 版），牛津 2004 年版，第 125~165 页/Himma, Kenneth, Inclusive Legal Positivism, in: Jules Coleman/ Scott Shapiro (Hg.), *The Oxford Handbook of Jurisprudence and Philosophy of Law*, 2. Aufl., Oxford 2004, S. 125-165.
25. 乌尔弗里德·欣施:“全球分配正义”，载托马斯·W. 波格编:《全球正义》，牛津 2001 年版，第 55~75 页/Hinsch, Wilfried, Global Distributive Justice, in: Thomas W. Pogge (Hg.), *Global Justice*, Oxford 2001, S. 55-75.
26. 托马斯·霍布斯:《利维坦（1651 年）》，法兰克福 1984 年版/Hobbes, Thomas, *Leviathan (1651)*, Frankfurt a. M. 1984.
27. 鲁道夫·冯·耶林:《法中的目的》（第 1 卷·第 3 版），莱比锡 1893 年版/v. Jhering, Rudolf, *Der Zweck im Recht*, 1. Bd., 3. Aufl., Leipzig 1893.
28. 伊曼努尔·康德:《道德形而上学：法学说的形而上学基础知识/ 美德学说的形而上学基础知识（1797/1798 年）》

（学术版），柏林 1907/1914 年版，1968 年重印版/Kant，Immanuel，*Die Metaphysik der Sitten. Metaphysische Anfangsgründe der Rechtslehre/ Metaphysische Anfangsgründe der Tugendlehre*（*1797/98*），AA，Berlin 1907/14，Nachdruck 1968.

29. 伊曼努尔·康德：《道德形而上学的奠基（1785 年）》（学术版），柏林 1911 年版，1968 年重印版/Kant，Immanuel，*Grundlegung zur Methaphysik der Sitten*（*1785*），AA，Berlin 1911，Nachdruck 1968.

30. 伊曼努尔·康德：《纯粹理性批判（1781 年）》（学术版），柏林 1904/1911 年版，1968 年重印版/Kant，Immanuel，*Kritik der reinen Vernunft*（*1781*），Akademieausgabe（AA），2. Aufl.，Berlin 1904/11，Nachdruck 1968.

31. 阿图尔·考夫曼：《法哲学》（第 2 版），慕尼黑 1997 年版/Kaufmann，Arthur，*Rechtsphilosophy*，2. Aufl.，München 1997.

32. 汉斯·凯尔森：《纯粹法学说》（第 2 版），维也纳 1960 年版/Kelsen，Hans，*Reine Rechtslehre*，2. Aufl.，Wien 1960.

33. 弗朗茨·冯·李斯特："刑法中的目的思想：马堡大学项目（1882 年）"，载氏著：《演讲与论文》（第 1 卷），柏林 1905 年版，1970 年重印版，第 126～179 页/v. Liszt，Franz，Der Zweckgedanke im Strafrecht. Marburger Universitätsprogramm（1882），in：*ders.*，*Vorträge und Aufsätze*，1. Bd.，Berlin 1905，Nachdruck 1970，S. 126–179.

34. 约翰·洛克：《政府论（1690 年）》（第 4 版），法兰克福 1988 年版/Locke，John，*Zwei Abhandlung über die Regierung*（*1690*），4. Aufl.，Frankfurt a. M. 1988.

35. 尼科洛·马基雅维利：“王侯论（1513 年）”，载氏著：《政治论文集》，法兰克福 1990 年版/Machiavelli, Niccolò, Der Fürst (1513), in: ders., *Politische Schriften*, Frankfurt a. M. 1990.

36. 安德雷·马默：“排他性法律实证主义”，载朱尔斯·科尔曼、斯科特·夏皮罗编：《牛津法理学与法哲学手册》（第 2 版），牛津 2004 年版，第 104 ~ 124 页/Marmor, Andrei, Exclusive Legal Positivism, in: Jules Coleman/ Scott Shapiro (Hg.), *The Oxford Handbook of Jurisprudence and Philosophy of Law*, 2. Aufl., Oxford 2004, S. 104-124.

37. 约翰·斯图亚特·密尔：《功利主义（1861 年）》，斯图加特 1976 年版/Mill, John Stuart, *Der Utilitarismus (1861)*, Stuttgart 1976.

38. 约翰·斯图亚特·密尔：《论自由（1859 年）》，斯图加特 1986 年版/Mill, John Stuart, *Über die Freiheit (1859)*, Stuttgart 1986.

39. 查理·路易·巴龙·德·孟德斯鸠：《论法的精神（1748 年）》，图宾根 1992 年版/Mentesquieu, Charles-louis Baron de, *Von Geist der Gesetze (1748)*, Tübingen 1992.

40. 亨利·摩根索：《民族间的政治：为权力和和平而斗争》（第 5 版），纽约 1977 年版/Morgenthau, Henry, *Politics among Nations. The Struggle for Power and Peace*, 5. Aufl., New York 1977.

41. 尤里安·尼达-吕梅林：《后果主义批判》（第 2 版），慕尼黑 1995 年版/Nida-Rümelin, Julian, *Kritik des Kosenquen-*

tialismus, 2. Aufl. , München 1995.

42. 尤里安·尼达-吕梅林:《伦理学论文集》,法兰克福 2001 年版/Nida-Rümelin, Julian, *Ethische Eassys*, Frankfurt a. M. 2001.

43. 迪特玛尔·冯·德尔·普佛尔滕:"论法中的概念",载亚普·哈赫和迪特玛尔·冯·德尔·普佛尔滕编:《法中的概念》,多德雷赫特等 2009 年版,第 17~33 页/von der Pfordten, Dietmar, About Concepts in Law, in: Jaap Hage und Dietmar von der Pfordten (Hg.), *Concepts in Law*, Dordrecht u. a. 2009, S. 17-33.

44. 迪特玛尔·冯·德尔·普佛尔滕:《描述、评价、规定》,柏林 1993 年版/von der Pfordten, Dietmar, *Deskription*, *Evaluation*, *Präskription*, Berlin 1993.

45. 迪特玛尔·冯·德尔·普佛尔滕:《规范伦理学》,柏林 2010 年版/von der Pfordten, Dietmar, *Normative Ethik*, Berlin 2010.

46. 迪特玛尔·冯·德尔·普佛尔滕:《法伦理学》(第 2 版),慕尼黑 2011 年版/von der Pfordten, Dietmar, *Rechtsethik*, 2. Aufl. , München 2011.

47. 迪特玛尔·冯·德尔·普佛尔滕:《追寻洞见:论哲学的任务和价值》,汉堡 2010 年版/von der Pfordten, Dietmar, *Suche nach Einicht. Über Aufgabe und Wert der Philosophie*, Hamburg 2010.

48. 迪特玛尔·冯·德尔·普佛尔滕:"法是什么?",载《哲学研究杂志》(第 63 卷),2009 年,第 173~200 页/von

der Pfordten, Dietmar, Was ist Recht? in: *Zeitschrift für philosophische Forschung* 63 (2009), S. 173–200.

49. 迪特玛尔·冯·德尔·普佛尔滕、亚普·哈赫编:《法中的概念》,多德雷赫特等 2009 年版/von der Pfordten, Dietmar und Hage, Jaap (Hg.), *Concepts in Law*, Dordrecht u. a. 2009.
50. 柏拉图:《著作集》(第 3 版),达姆施塔特 1990 年版/Platon, *Werke*, 3. Aufl., Darmstadt 1990.
51. 托马斯·波格:《世界贫困与人权》,牛津 2002 年版/Pogge, Thomas, *World Poverty and Human Rights*, Oxford 2002.
52. 塞缪尔·冯·普芬道夫:《自然法与国际法(1672 年)》,柏林 1998 年版/v. Pofendorf, Samuel, *Acht Bücher von Natur- und Völkerrecht (1672)*, Berlin 1998.
53. 古斯塔夫·拉德布鲁赫:"制定法的不法与超制定法的法",载拉尔夫·德莱尔、斯坦利·鲍尔森编:《法哲学》(第 2 版),海德堡 2003 年版,第 211~219 页/Radbruch, Gustav, Gesetzliches Unrecht und übergesetzliches Recht, in: Ralf Dreier/Stanley L. Paulson (Hg.), *Rechtsphilosophie*, 2. Aufl., Heidelberg 2003, S. 211–219.
54. 古斯塔夫·拉德布鲁赫:《法哲学》(第 2 版),海德堡 2003 年版/Radbruch, Gustav, *Rechtsphilosophy*, 2. Aufl., Heidelberg 2003.
55. 约翰·罗尔斯:《国际法》,柏林 2002 年版/Rawls, John, *Das Recht der Völker*, Berlin 2002.
56. 约翰·罗尔斯:《正义论》,法兰克福 1979 年版/Rawls, John, *Eine Theorie der Gerechtigkeit*, Frankfurt a. M. 1979.

57. 约瑟夫·拉兹:《公共领域的伦理：法和政治的道德性论文集》，牛津 1994 年版/Raz, Joseph, *Ethics in the Public Domain. Essays in the Morality of Law and Politics*, Oxford 1994.

58. 阿尔夫·罗斯:“图图”，载《哈佛法律评论》(第 70 卷)，1957 年，第 812~825 页/Ross, Alf, Tû-Tû, in: *Harvard Law Review* 70 (1957), S. 812-825.

59. 让-雅克·卢梭:《社会契约论（1762 年）》，斯图加特 2010 年/Rousseau, Jean-Jacques, *Vom Gesellschaftsvertrag (1762)*, Stuttgart 2010.

60. 弗里德里希·卡尔·冯·萨维尼:《当代罗马法体系》(第 1 卷)，柏林 1840 年版/v. Savigny, Friedrich Carl, *System des heutigen Römischen Rechts*, Bd. I, Berlin 1840.

61. 托马斯·斯坎伦:《我们相互之间亏欠什么》，剑桥 1998 年版/Scanlon, Thomas, *What We Owe to Each Other*, Cambridge 1998.

62. 马库斯·格奥尔格·辛格:《伦理学中的可普遍化》，法兰克福 1975 年版/Singer, Marcus George, *Verallgemeinerung in der Ethik*, Frankfurt a. M. 1975.

63. 彼得·辛格:《实践伦理学》(第 2 版)，纽约 1993 年版/Singer, Peter, *Practical Ethics*, 2. Aufl. , New York 1993.

64. 米歇尔·斯鲁特:《美德伦理学》，载玛西娅·W. 巴伦、菲利普·佩蒂蒂、米歇尔·斯鲁特:《伦理学的三种方法：一场论战》，牛津 1997 年版，第 175~238 页/Slote, Michael: Virtue Ethics, in: Marcia W. Baron/Phillip Pettiti/Michael Slote, *Three Methods of Ethics. A Debate*, Oxford 1997, S. 175-

238.

65. 鲁道夫 · 斯塔姆勒:《法律科学理论》, 哈勒 1911 年版/Stammler, Rudolf, *Theorie der Rechtswissenschaft*, Halle 1911.

66. 托马斯 · 冯 · 阿奎那:《神学大全》(德语托马斯版本), 萨尔茨堡、莱比锡、波恩 1934 年及以后版/Thomas v. Aquin, Summa theologiae, *Die Deutsche Thomasausgabe*, Salzburg, Leipzig, Bonn 1934 ff.

67. 马克斯 · 韦伯:《经济与社会:理解社会学基础》, 图宾根 1985 年版/Weber, Max, *Wirtschaft und Gesellschaft. Grundriss der verstehenden* Soziologie, Tübingen 1985.

二、汇编

68. 诺伯特 · 霍斯特编:《法与道德:法哲学文本》, 斯图加特 1986 年版/Hoerster, Norbert (Hg.), *Recht und Moral. Texte zur Rechtsphilosphie*, Stuttgart 1986.

69. 克里斯多夫 · 霍恩、尼克 · 斯卡拉诺编:《正义哲学:从古代到当代》, 法兰克福 2002 年版/Horn, Christoph/ Scarano, Nico (Hg.), *Philosophie der Gerechtigkeit. Texte von der Antike bis zur Gegenwart*, Frankfurt a. M. 2002.

70. 迪特玛尔 · 冯 · 德尔 · 普佛尔滕编:《法哲学》(第 2 版), 弗莱堡 2010 年版/von der Pfordten, Dietmar (Hg.), *Rechtsphilosophie*, 2. Aufl., Freiburg 2010.

71. 库尔特 · 泽尔曼编:《法哲学文本(1):从古代到 19 世纪》, 巴塞尔 2000 年版/Seelmann, Kurt (Hg.), *Texte zur*

Rechtsphilosophie I. Von der Antike bis ins 19. Jahrhundert, Basel 2000.

三、教科书/导论/叙介

72. 克劳斯·阿多迈特、苏珊·黑恩欣：《写给学生的法理论》（第 6 版），海德堡 2012 年版/Adomeit, Klaus/ Hähnchen, Susanne, *Rechtstheorie für Studenten*, 6. Aufl. , Heidelberg 2012.

73. 约翰·布朗：《法哲学导论》（第 2 版），图宾根 2011 年版/Braun, Johann, *Einführung in die Rechtsphilosphie*, 2. Aufl. , Tübingen 2011.

74. 约翰·布朗：《20 世纪法哲学：正义的回归》，慕尼黑 2001 年版/Braun, Johann, *Rechtsphilosophie im 20. Jahrhundert. Die Rückkehr der Gerechtigkeit*, München 2001.

75. 诺伯特·布里斯科恩：《法哲学》，斯图加特 1990 年版/Brieskorn, Norbert, *Rechtsphilosophie*, Stuttgart 1990.

76. 温弗里德·布鲁格、斯蒂芬·基斯特、乌尔弗里德·诺依曼编：《21 世纪法哲学》，法兰克福 2008 年版/Brugger, Winfried/Kirste, Stephan/ Neumann, Ulfrid (Hg.), *Rechtsphilosophie im 21. Jahrhundert*, Frankfurt a. M. 2008.

77. 朱尔斯·科尔曼、斯科特·夏皮罗编：《牛津法理学与法哲学手册》（第 2 版），牛津 2004 年版/Colemann, Jules/ Shapiro, Scott (Hg.), *The Oxford Handbook of Jurisprudence and Philosophy of Law*, 2. Aufl. , Oxford 2004.

78. 诺伯特·霍斯特：《法是什么？——法哲学基础问题》，慕尼黑 2006 年版/Hoerster, Norbert, *Was ist Recht? Grundfragen der Rechtsphilosophy*, München 2006.

79. 奥特弗利德·赫费：《正义：哲学导论》（第 4 版），慕尼黑 2010 年版/Höffe, Otfried, *Gerechtigkeit. Eine philosophische Einführung*, 4. Aufl., Mücnhen 2010.

80. 伊丽莎白·霍尔茨莱特内尔：《正义》，维也纳 2009 年版/Holzleithner, Elisabeth, *Gerechtigkeit*, Wien 2009.

81. 诺伯特·霍恩：《法律科学与法哲学导论》（第 5 版），海德堡 2011 年版/Horn, Norbert, *Einführung in die Rechtswissenschaft und Rechtsphilosophie*, 5. Aufl., Heidelberg 2011.

82. 斯蒂芬·基斯特：《法哲学导论》，达姆斯塔特 2010 年版/Kirste, Stephan, *Einführung in die Rechtsphilosophie*, Darmstadt 2010.

83. 阿图尔·考夫曼、温弗里德·哈斯默尔、乌尔弗里德·诺依曼编：《当代法哲学和法理论导论》（第 8 版），海德堡 2011 年版/Kaufmann, Arthur/Hassemer, Winfried/Neumann, Ulfrid (Hg.), *Einführung in die Rechtsphilosophie und Rechtstheorie der Gegenwart*, 8. Aufl., Heidelberg 2011.

84. 彼得·科勒：《法理论导论》（第 2 版），维也纳 2001 年版/Koller, Peter, *Theorie des Rechts. Eine Einführung*, 2. Aufl., Wien 2001.

85. 马蒂亚斯·马尔曼：《法哲学与法理论》（第 2 版），巴登-巴登 2012 年版/Mahlmann, Mathias, *Rechtsphilosophie und Rechtstheorie*, 2. Aufl., Baden-Baden 2012.

86. 沃尔夫冈·瑙克、雷吉娜·哈策尔：《法哲学基本概念》

（第 6 版），慕尼黑 2012 年版/Naucke，Wolfgang/ Harzer，Regina，*Rechtsphilosophische Grundbeg-riffe*，6. Aufl.，München 2012.

87. 克劳斯・F. 罗尔、汉斯・克里斯蒂安・罗尔：《一般法学说》（第 3 版），科隆 2008 年版/Röhl，Klaus F. /Röhl，Hans Christian，*Allgemeine Rechtslehre*，3. Aufl.，Köln 2008.

88. 贝恩德・吕特斯、克里斯蒂安・费舍尔、阿克塞尔・布林克：《法理论及法学方法论》（第 6 版），慕尼黑 2011 年版/Rüthers，Bernd/ Fischer，Christian/ Brink，Axel，*Rechtstheorie mit juristischer Methodenlehre*，6. Aufl.，München 2011.

89. 库尔特・泽尔曼：《法哲学》（第 5 版），慕尼黑 2010 年版/Seelmann，Kurt，*Rechtsphilosophie*，5. Aufl.，München 2010.

90. 马塞尔・森：《法哲学与社会哲学》，圣加仑 2012 年版/Senn，Marcel，*Rechts- und Gesellschaftsphilosophie*，St. Gallen 2012.

91. 斯特凡・斯密德：《法哲学导论》，慕尼黑 1991 年版/Smid，Stefan，*Einführung in die Philosophie des Rechts*，München 1991.

92. 马克・特比特：《法哲学导论》（第 2 版），伦敦 2005 年版/Tebbit，Mark，*Philosophy of Law. An Introduction*，2. Aufl.，London 2005.

93. 莱因荷德・齐佩利乌斯：《法哲学》（第 6 版），慕尼黑 2011 年版/Zippelius，Reinhold：*Rechtsphilosophie*，6. Aufl.，München 2011.

图书在版编目（CIP）数据

法哲学导论/（德）迪特玛尔·冯·德尔·普佛尔滕著；雷磊译.—北京：中国政法大学出版社，2017.6（2025.10重印）
ISBN 978-7-5620-7561-5

Ⅰ.①法…　Ⅱ.①迪…　②雷…　Ⅲ.①法哲学—研究
Ⅳ.①D90

中国版本图书馆CIP数据核字(2017)第129702号

出 版 者　中国政法大学出版社
地　　址　北京市海淀区西土城路 25 号
邮寄地址　北京 100088 信箱 8034 分箱　邮编 100088
网　　址　http://www.cuplpress.com (网络实名：中国政法大学出版社)
电　　话　010-58908289(编辑部) 58908334(邮购部)
承　　印　固安华明印业有限公司
开　　本　850mm × 1168mm　1/32
印　　张　6.25
字　　数　125 千字
版　　次　2017 年 6 月第 1 版
印　　次　2025 年 10 月第 3 次印刷
定　　价　29.00 元